陳福成著

陳福成著作全編

第三十五冊 囚徒

文史哲出版社印行

國家圖書館出版品預行編目資料

陳福成著作全編 / 陳福成著. -- 初版. --臺北
市：文史哲,民 104.08
頁： 公分
ISBN 978-986-314-266-9（全套：平裝）

848.6　　104013035

陳福成著作全編

第三十五冊　囚徒

著　　者：陳　　福　　成
出 版 者：文　史　哲　出　版　社
http://www.lapen.com.tw
登記證字號：行政院新聞局版臺業字五三三七號
發 行 人：彭　　正　　雄
發 行 所：文　史　哲　出　版　社
印 刷 者：文　史　哲　出　版　社
臺北市羅斯福路一段七十二巷四號
郵政劃撥帳號：一六一八〇一七五
電話886-2-23511028 · 傳真886-2-23965656

全 80 冊定價新臺幣 36,800 元

二〇一五年（民一〇四）八月初版

ISBN 978-986-314-266-9　08981

陳福成著作全編總目

壹、兩岸關係

①決戰閏八月
②防衛大台灣
③解開兩岸十大弔詭
④大陸政策與兩岸關係

貳、國家安全

⑤國家安全與情治機關的弔詭
⑥國家安全與戰略關係
⑦國家安全論壇。

參、中國學四部曲

⑧中國歷代戰爭新詮
⑨中國近代黨派發展研究新詮
⑩中國政治思想新詮
⑪中國四大兵法家新詮：孫子、吳起、孫臏、孔明

肆、歷史、人類、文化、宗教、會黨

⑫神劍與屠刀
⑬中國神譜
⑭天帝教的中華文化意涵
⑮奴婢妾匪到革命家之路：復興廣播電台謝雪紅訪講錄
⑯洪門、青幫與哥老會研究

伍、詩〈現代詩、傳統詩〉、文學

⑰幻夢花開一江山
⑱赤縣行腳・神州心旅
⑲「外公」與「外婆」的詩
⑳尋找一座山
㉑春秋記實
㉒性情世界
㉓春秋詩選
㉔八方風雲性情世界
㉕古晟的誕生
㉖把腳印典藏在雲端
㉗從魯迅文學醫人魂救國魂說起
㉘六十後詩雜記詩集

陸、現代詩（詩人、詩社）研究

㉙三月詩會研究
㉚我們的春秋大業：三月詩會二十年別集
㉛中國當代平民詩人王學忠
㉜讀詩稗記
㉝嚴謹與浪漫之間
㉞一信詩學研究：解剖一隻九頭詩鵠
㉟囚徒
㊱胡爾泰現代詩臆說
㊲王學忠籲天詩錄

柒、春秋典型人物研究、遊記

㊳山西芮城劉焦智「鳳梅人」報研究
㊴在「鳳梅人」小橋上

總序：陳福成的一部文史哲政兵千秋事業

陳福成先生，祖籍四川成都，一九五二年出生在台灣省台中縣。筆名古晟、藍天、司馬千、鄉下人等，皈依法名：本肇居士。一生除軍職外，以絕大多數時間投入寫作，範圍包括詩歌、小說、政治（兩岸關係、國際關係）、歷史、文化、宗教、哲學、兵學（國防、軍事、戰爭、兵法），及教育部審定之大學、專科（三專、五專）、高中（職）等各級學校國防通識（軍訓課本）十二冊。以上總計近百部著作，目前尚未出版者尚約二十部。

我的戶籍資料上寫著祖籍四川成都，小時候也在軍眷長大，初中畢業（民57年6月），投考陸軍官校預備班十三期，三年後（民60）直升陸軍官校正期班四十四期，民國六十四年八月畢業，隨即分發野戰部隊服役，到民國八十三年四月轉台灣大學軍訓教官。到民國八十八年二月，我以台大夜間部（兼文學院）主任教官退休（伍），進入全職寫作高峰期。

我年青時代也曾好奇問老爸：「我們家到底有沒有家譜？」

他說：「當然有。」他肯定說，停一下又說：「三十八年逃命都來不及了，現在有個鬼啦！」

兩岸開放前他老人家就走了，開放後經很多連繫和尋找，真的連鬼都沒有了，茫茫無垠的「四川北門」，早已人事全非了。

但我的母系家譜卻很清楚，母親陳蕊是台中縣龍井鄉人。她的先祖其實來台不算太久，按家譜記載，到我陳福成才不過第五代，大陸原籍福建省泉州府同安縣六都施盤鄉馬巷。

第一代祖陳添丁、妣黃媽名申氏。從原籍移居台灣島台中州大甲郡龍井庄龍目井字水裡社三十六番地，移台時間不詳。陳添丁生於清道光二十年（庚子，一八四〇年）六月十二日，卒於民國四年（一九一五年），葬於水裡社共同墓地，坐北向南，他有二個兒子，長子昌，次子標。

第二代祖陳昌（我外曾祖父），生於清同治五年（丙寅，一八六六年）九月十四日，卒於民國廿六年（昭和十二年）四月二十二日，葬在水裡社共同墓地，坐東南向西北。陳昌娶蔡匏，育有四子，長子平、次子豬、三子波、四子萬芳。

第三代祖陳平（我外祖父），生於清光緒十七年（辛卯，一八九一年）九月二十五日，卒於（年略記）二月十三日。陳平娶彭宜（我外祖母），生光緒二十二年（丙申，一八九六年）六月十二日，卒於民國五十六年十二月十六日。他們育有一子五女，長子陳火，長女陳變、次女陳燕、三女陳蕊、四女陳品、五女陳鶯。

以上到我母親陳蕊是第四代，到筆者陳福成是第五代，與我同是第五代的表兄弟姊妹共三十二人，目前大約半數仍在就職中，半數已退休。

寫作是我一輩子的興趣，一個職業軍人怎會變成以寫作為一生志業，在我的幾本著作都詳述（如《迷航記》、《台大教官興衰錄》、《五十不惑》等」。我從軍校大學時代開始寫，從台大主任教官退休後，全力排除無謂應酬，更全力全心的寫（不含為教育部編著的大學、高中職《國防通識》十餘冊）。我把《陳福成著作全編》略為分類暨編目如下：

壹、兩岸關係

①《決戰閏八月》②《防衛大台灣》③《解開兩岸十大弔詭》④《大陸政策與兩岸關係》。

貳、國家安全

⑤《國家安全與情治機關的弔詭》⑥《國家安全與戰略關係》⑦《國家安全論壇》。

參、中國學四部曲

⑧《中國歷代戰爭新詮》⑨《中國近代黨派發展研究新詮》⑩《中國政治思想新詮》⑪《中國四大兵法家新詮：孫子、吳起、孫臏、孔明》。

肆、歷史、人類、文化、宗教、會黨

⑫《神劍與屠刀》⑬《中國神譜》⑭《天帝教的中華文化意涵》⑮《奴婢妾匪到革命家之路：復興廣播電台謝雪紅訪講錄》⑯《洪門、青幫與哥老會研究》。

伍、詩〈現代詩、傳統詩〉、文學

⑰《幻夢花開一江山》⑱《赤縣行腳・神州心旅》⑲《「外公」與「外婆」的詩》、⑳《尋找一座山》㉑《春秋記實》㉒《性情世界》㉓《春秋詩選》㉔《八方風雲性情世界》㉕《古晟的誕生》㉖《把腳印典藏在雲端》㉗《從魯迅文學醫人魂救國魂說起》㉘《60後詩雜記詩集》。

陸、現代詩（詩人、詩社）研究

㉙《三月詩會研究》㉚《我們的春秋大業：三月詩會二十年別集》㉛《中國當代平民詩人王學忠》㉜《讀詩稗記》㉝《嚴謹與浪漫之間》㉞《一信詩學研究：解剖一隻九頭詩鵠》㉟《囚徒》㊱《胡爾泰現代詩臆說》㊲王學忠籲天詩錄。

柒、春秋典型人物研究、遊記

㊳《山西芮城劉焦智「鳳梅人」報研究》㊴《在「鳳梅人」小橋上》㊵《我所知道的孫大公》㊶《孫大公思想主張手稿》㊷《金秋六人行》㊸《漸凍勇士陳宏》。

捌、小說、翻譯小說

㊹《迷情・奇謀・輪迴》㊺《愛倫坡恐怖推理小說》。

玖、散文、論文、雜記、詩遊記、人生小品

㊻《一個軍校生的台大閒情》㊼《古道・秋風・瘦筆》㊽《頓悟學習》㊾《春秋正義》㊿《公主與王子的夢幻》51《洄游的鮭魚》52《男人和女人的情話真話》53《台灣邊陲之美》54《最自在的彩霞》55《梁又平事件後》。

拾、回憶錄體

56《五十不惑》57《我的革命檔案》58《台大教官興衰錄》59《迷航記》60《最後一代書寫的身影》61《我這輩子幹了什麼好事》62《那些年我們是這樣寫情書的》63《那些年我們是這樣談戀愛的》64《台灣大學退休人員聯誼會第九屆理事長記實》。

拾壹、兵學、戰爭

65《孫子實戰經驗研究》66《第四波戰爭開山鼻祖賓拉登》。

拾貳、政治研究

⑰《政治學方法論概說》⑱《西洋政治思想概述》⑲《中國全民民主統一會北京行》⑳《尋找理想國：中國式民主政治研究要綱》。

拾參、中國命運、喚醒國魂

㉑《大浩劫後：日本 311 天譴說》、《日本問題的終極處理》㉒《台大逸仙學會》。

拾肆、地方誌、地區研究

㉓《台北公館台大地區考古・導覽》㉔《台中開發史》㉕《台北的前世今生》㉖《台北公館地區開發史》。

拾伍、其他

㉗《英文單字研究》㉘《與君賞玩天地寬》（別人評論）㉙《非常傳銷學》㉚《新領導與管理實務》。

我這樣的分類並非很確定，如《謝雪紅訪講錄》，是人物誌，但也是政治，更是歷史，說的更白，是兩岸永恆不變又難分難解的「本質性」問題。

以上這些作品大約可以概括在「中國學」範圍，如我在每本書扉頁所述，以「生長在台灣的中國人為榮」，以創作、鑽研「中國學」，貢獻所能和所學為自我實現的途徑，以宣揚中國春秋大義、中華文化和促進中國和平統一為今生志業，直到生命結束。我這樣的人生，似乎滿懷「文天祥、岳飛式的血性」。

抗戰時期，胡宗南將軍曾主持陸軍官校第七分校（在王曲），校中有兩幅對聯，一是「升官發財請走別路、貪生怕死莫入此門」，二是「鐵肩擔主義、血手寫文章」。前聯原在廣州黃埔，後聯乃胡將軍胸懷，「鐵肩擔主義」我沒機會，但「血手寫文章」的

「血性」俱在我各類著作詩文中。

人生無常，我到六十三歲之年，以對自己人生進行「總清算」的心態出版這套書。

回首前塵，我的人生大致分成兩個「生死」階段，第一個階段是「理想走向毀滅」，年齡從十五歲進軍校到四十三歲，離開野戰部隊前往台灣大學任職中校教官。第二個階段是「毀滅到救贖」，四十三歲以後的寫作人生。

「理想到毀滅」，我的人生全面瓦解、變質，險些遭到軍法審判，就算軍法不判我，我也幾乎要「自我毀滅」；而「毀滅到救贖」是到台大才得到的「新生命」，我積極寫作是從台大開始的，我常說「台大是我啟蒙的道場」有原因的。均可見《五十不惑》、《迷航記》等書。

我從年青立志要當一個「偉大的軍人」，為國家復興、統一做出貢獻，為中華民族的繁榮綿延盡個人最大之力，卻才起步就「死」在起跑點上，這是個人的悲劇和不智，正好也給讀者一個警示。人生絕不能在起跑點就走入「死巷」，切記！切記！讀者以我為鑒！在軍人以外的文學、史政有這套書的出版，也算是對國家民族社會有點貢獻，對自己的人生有了交待，這致少也算「起死回生」了！

順要一說的，我全部的著作都放棄個人著作權，成為兩岸中國人的共同文化財，而台北的文史哲出版有優先使用權和發行權。

這套書能順利出版，最大的功臣是我老友，文史哲出版社負責人彭正雄先生和他的夥伴們。彭先生對中華文化的傳播，對兩岸文化交流都有崇高的使命感，向他和夥伴致上最高謝意。

台北公館蟾蜍山萬盛草堂主人　陳福成　誌於二〇一四年

五月榮獲第五十五屆中國文藝獎章文學創作獎前夕

關於〈囚徒〉五千五百行長詩（代自序）

我花了很長時間經營、構思這首長詩，大約是公元二千年過不久。我並未想要急著完成，因為這個世界太熱鬧了，吵得我彳亍中輟，也好，我可以靜觀沉澱、審時度勢，豐富詩章內涵。

開始構思到全部完成，二千年到二〇一五年春，此期間我還完成許多作品，並非只在創作本詩。第三、四章，完成於二〇〇八或〇九年之前，第一、二、五章，則是再後幾年，部份段落曾先發表過，全詩行數沒有精算，大概是五千五百行左右。

長詩〈囚徒〉，也做為書名《囚徒》，到底在說什麼？指涉（射）什麼？詩的最美麗身影，不就是可以讓讀者從各個角度欣賞？並讓讀者擁有獨立自主的詮釋。所以，詩在說什麼？留給所有讀者品評，叫你想像力的翅膀高飛吧！（台北公館蟾蜍山萬盛草堂主人　陳福成　誌於二〇一五年夏）

囚徒

——五千五百行長詩

目次

第一章　囚　徒

我們這種監獄

關的全是無期徒刑囚犯和死囚

也有越獄成功出去享受自由的

且越獄成功者愈來愈多

還有享受一段自由好日子後

又被關進另一座監獄

我們這座監獄

我們這座監獄　人不多
離城市不遠
根本也算城市裡
說不上在那裡
但到處都是
人不多有好處
你訴苦總有人聽到
當你開口想要向某人訴說你的冤情
會發現
一顆顆頭顱
孤懸空中

活像一顆顆兔頭
孤懸的頭　紅色的訝異
都是鄰居
還是可以串串門子
偷偷的交換
煙屁股　或有
更來電　更刺激的
一定可以弄到手
管得愈嚴漏洞愈大
只要你是順民
只要你當奴臣
而
把那顆比天大的膽
藏於海底

每間獄房都有門
但門，也似沒有
因為門是一班錦衣衛
整天看管你
死釘著你的呼吸
釘著你的一舉一動
現在我痛恨門
以前我有很多門路
這裡的住户都是因為以前門路太多
如今門都沒有
陽光就進不來了
只有夢魘是不需要門的
封得愈死鬼愈多
凡是監獄皆如是
就算沒門

也一定要想盡一切辦法找到門路
這是生存的必需和生活情調的特需
追求生命的意義和價值
是我們這些貧窮的囚徒
唯一剩下的權利
我們窮得剩下夢想
這權利，絕不能放棄
何況
不能向惡夢投降
不能臣服於門神錦衣衛
不能任由獄吏擺佈
不能被那討厭的女典獄長吃死了
當所有的門全都關閉
我們一定可以打開另一扇門
我們這座監獄的囚徒硬是有種

但我相信天下的囚徒也會這樣做
這是人之性啊

監獄的環境很現代化
隔間如同小公館
食衣住行育樂吃喝拉殺
簡化成
一個方格
沒有房租也不需常常搬家
夜夜
把身子再簡略為
一個人字
沒有空間也能睡
我的功力已練到可以睡在
一根針尖上

隔間囚徒和我熟稔
命運相同
曾經越過獄
又被捕歸案
越獄，其實不過是生物本能
我的越獄是精彩的故事
這是後話了
那位老兄很不安份
——當然，天下的囚徒都不安份的
他晚上不睡覺，常在
撞牆
把自己壓縮撞成一顆鐵蛋
說要把牆撞垮
卻反而被牆撞倒變成一隻獸

扼著喉
嘶吼著
好像要毀滅整座叢林
往往只有引來更強大的頂層掠食者
把你分屍、爭食
這只是一座小小的叢林
多的是兇猛的獸
不論你多兇
比你更兇的，一定有
我勸他
向我學
萬法唯心
凡所有相　皆是虛妄
那牆是虛妄的
叢林是虛妄中之虛妄

他不聽
吃虧倒霉的還是自己
這世上很多事不能硬著來
必須陰著來
不能直走
需要迂迴
兵聖孫武早已這麼說
不能人前用刀
要背後使劍
此乃生存之道

我們這種監獄
關的全是無期徒刑囚犯和死囚
也有越獄成功出去享受自由的
且越獄成功者愈來愈多

還有享受一段自由好日子後
又被關進另一座監獄
求出無期
無論如何住進牢房的囚徒
各色人種、各黨派、各族群、各邦國的人皆有
好像是眾生自投羅網
女典獄長極為難纏
後話再說吧
她最大的優點是讓你們吃飽喝足
有時想想
何敢他求
只好當順民、奴臣
凡事
有句點

那些雜亂無章的心事緩緩沉澱
窗外的雨聲遲到了
芭蕉耐不住孤寂
只有月光是慈悲的
月光到午夜長了天使的翅膀
風之足翩翩起舞
舞動是心動
蜿蜒的夢痕是囚徒的記憶
記憶那些潛藏的神秘花園
為什麼？老是不安份
但——
花園的密徑怎直通另一座監獄？

是命中註定的
要當囚徒、當奴臣

尤其是當這座監獄的囚徒、奴臣
定是累世逃不掉的因果
因果，囚徒要突破、突穿的
只能等待飛鳥歸林
落腳在我夢中
我好去追尋一座山
一座找生生世世想要找到的山
越獄
把山，放入我的口中
咀嚼
細細玩味、品賞
舔食夢境就能滿足
我永遠都不要醒來

窗外的雨聲是流不完的淚

是故，那雨，好重
重得可以讓故事跌進黑洞
星星臨死之前，在黑暗中
最後一道迤邐微光劃過天際
我知道，星星月亮太陽也想逃
逃離這座監獄

這座監獄
不適人居
越獄，是一齣恆常演出的傳奇悲喜劇

這座監獄的牆

牆，是世間最多的無機物
所有的房子都有牆
四面或更多
大樓裡又用牆做了很多
隔間
把人隔開
一間一閡又一間
一隔一格又一隔
讓人相互獨立而隔絕
除了死硬生冷的牆

更多的是看不見的
牆，真是無所不在
有時候，看似不存在的牆
也會瞬間　無中生有　或如
變形金鋼
在你面前聳立起一座巨牆
但無論如何
這些牆都是無機物

我們這座監獄的牆就大大的不一樣
絕對是個有機物
有可實證的生命跡象
有繁複的情緒變化
有不可預測的聰明程度
可以是朋友、敵人，絕大多數時間裡

他是知音，或當她是情人
與你日夜相處
四目相望
他傾聽你的苦痛、不滿
她讀你千變也不厭倦
可是，你的耐心不如他
你的忍耐有限度
你也常失控
把他當敵人殲滅
把他當仇人謀殺
把她當用過的破鞋
把她當敬而遠之的悍婦
於是，你心中所想
不外是撞牆、穿牆、出牆
推倒、毀滅

這座監獄所有的牆

我說這座監獄的牆與各類房子的牆不一樣
這位女典獄長為防囚徒越獄
又構築許多牆
又黑又堅定不移的牆
又白又到處走動的牆
反正啊
牆外有牆
山外亦有牆
牆內有牆
山內也是牆
牆，以有形和無形交錯佈防
看你往那裡跑

這座監獄的牆還有很多特色
女典獄長當然是最有權威的牆
有她的淫威管控下
人，是一道道的牆
會活動的、會監視的、會調查的……
會說話的牆
說著無人能懂的語言
因為
這語言也是牆做的
那就用寫的吧
還是無人能懂的文字
文字也是一道牆
原來，你發現，你和她——
是你和牆，根本不能溝通
你們不是一國的

你百思不解
待你窮究天人之道又發現
這「人」字
不就是兩面牆構建而成
進行著永恆的對立、衝撞、辨證的戰爭
正反之合也是暫時的
不久燹災也點燃
一道牆燒毀另一道牆
一道牆崢嶸嶽立
不久又坍壞

所以，世間無牆
唯人是牆
人牆才是活生生

牆再生牆　代代傳承
舊牆不去　新牆又長大
每面牆也都是一隻大眼睛
牆不死、不老
比神還長生
簡直是萬壽無疆
永不止息的在地球繁殖
四季如春
永恆的頂立
倒下一批，又頂立一批

世事有普遍性外的例外特色
例如我們這座監獄的牆
每天都在進行著牆繁殖牆的偉大工程
牆與牆交配

又生出很多牆
這些牆全都聽命於萬能的女典獄長
在夜暗
乃至光大化日
窺視所有的囚徒
牆眼如同槍眼
瞄準每一個囚徒的心眼
凡囚徒都想越獄
更想造反
但你絕難逃女典獄長的法眼和槍眼
只要越獄一次
不論成功與否
你就死定了
從原罪變成死罪
一輩子難以翻身

這種囚徒
要關入本監獄的無間獄
絕對不能再有第二次越獄
這是女典獄三令五申的重要訓令
為此，我們這座監獄特別重視
牆的建造
規定牆的長度要超越萬里長城
特別牆的厚度要超過明代長城
有些地方使用現代匿蹤科技
使部份管控無形化
如此定能追蹤每個囚徒的
身
口
意
女典獄長洋洋得意説

看誰還敢造反越獄？
就算你是有七十二變的孫悟空
也難逃她的手掌心
其實不然
越獄仍是時有所聞
她只能恨得牙癢癢的
或罵大街
或一哭二鬧三上吊
除此
更積極建造巨牆
設監控系統
強化調查機制
封死囚徒的任何地下越獄管道
是女典獄長永不放棄的天命

為了越獄
我研究我們這座監獄的牆
牆的性質　牆的弱點
擴而大之，研究宇宙間的牆
發現，地球
一定也是一座大牆
否則，為何古今
無人可以逃出地球
曾有一次有人翻牆逃到月球
又被捕了回來
宇宙間的牆無所不在
你以為宇宙是無限寬廣的虛空嗎？
你以為上下四方謂之宇嗎？
你以為古往今來謂之宙嗎？
以上皆非

宇宙間擠滿了各種堅固的牆
所謂的宇宙
不外是
我們這座監獄的放大
再放大、再放大……
使空間、時間和物質
都是一道又一道的巨牆
而不是　$E=MC^2$

慷慨赴死

我們這座監獄絕大多數囚徒
一進來
就註定是無期徒刑
——除非是越獄成功的
從此不見人影
還有少數的例外
是被女典獄長判了死列
說來這是這座監獄的特色與特權
囚徒一但入門來
女典獄長有權依囚徒表現決定其刑期

無期徒刑改有期徒刑
流放或孤立或其他折磨
最嚴重的是死刑
可能是越獄被抓回來
讓女典獄特別不爽的囚徒
任何時候都有可能
被拖——拖，出去
砰砰
通常很慘

記得有一幕
那傢伙被拖——拖著
初如死豬　後如一條
欲掙脱綑綁的鱷魚
終於成為一隻被獅子叨在嘴裡的羚羊

嘭嘭
那場景，慘不忍睹啊
千古艱難唯一死
不過
我寧可說是慷慨赴死
甚至，根本
就是慷慨赴義
追求自由有罪嗎？
不好看
好聽就好
我思故我在
我說故我是
話都是人說的
我抖落一身濁塵

不帶走一片雲
唯一給情人的遺書
擱在奈河橋畔
美麗的信箋是永恆的印記
字跡是心跡的複製
只是那河水溢滿感傷
滾滾高聲訴冤抱怨
這世界到處是冤
凡繫於囹圄者
個個都說不干淪入囚徒
一定要設法越獄
絕不在監獄裡當活死人
每天行屍走肉
說著三分像人　七分像鬼的話

就讓死亡像一首詩
槍聲是幾處韻符
尚未寫出句號的星光獨憔悴
彷彿自前世傳來一聲深深嘆息
還是冤聲
這一世竟無人能讀我
讀懂我
才落得慷慨赴死
此刻
吾悟得天心的跳動
黃鐘毀棄，瓦缶雷鳴
所有監獄即將崩解
如兵敗山倒
囚徒到處流竄
逃遁成各大山頭

割據的軍閥
而我
寧願慷慨赴死
現在我的游魂
走過一抔荒墳
野草無禮的攀爬到頭上做怪
我視若無睹
只管走我的路
一不小心
墜入路的縫隙後在幽微的月光中窺視
死亡的臉孔
我無懼
我慷慨赴死
死，是所有人的天命

死，也是所有人的天職
皆人生之神聖使命
故我不懼
讓成住壞空去成住壞空吧
絲毫不能動搖我
半點不能影響我何時要劃下完美的句號
或不想劃下詭異的休止符
我的終點必在初春
好季節
雲是潔白的
路是順暢的
通過死亡才知道人生的意義
進到監獄才理解自由的價值
當夕照逐漸幽暗
我的眼　為什麼不由己的

眺望　這末世街景

故事快結束前
影幕打出劇終
舞台的天空飄著迷失方向的雨
陽光要來愛撫我
眾神要來清洗我
都被我拒絕
我意：
我無濁
我以乾淨的靈魂
慷慨赴死

風聲遠揚
心跳開始踟躕

身軀愈來愈單薄且冰涼

傳奇故事皆已散落在槍聲裡
青春不再回眸
我的靈魂正走到奈河橋之遠端
聽到身後有人追來
以瘖啞的呼喚
那聲音
比海深 如地之重
我想劃下最後的句點
但連句點也想造反
想越獄

人生是一首寫不完的長詩
每一行、詞句都想造反
動詞、名詞都想起來革命
副詞、形容詞、介系詞……

都因女典獄長之故
想越獄
就連每株可愛的意象也含冤
含冤、喊冤都是修行
苦難
使境界提昇
故說　慷慨赴死吧

回眸最後那段路
似無盡頭
過了一座奈河橋又有一座奈何橋
那河中之魚仍在沉醉
而陽光已被幽禁
一切生命開始片片凋落
今後，誰來說你的傳奇故事

誰來伴你喝下最後一碗酒
麻醉深藏的傷口
是誰？
啊，春去夏來秋冬又甦醒
卻都無意義了
清晨，最後一枚枯葉自母體飄落
固執的站在他的國土
凝視　飛來的子彈
應邀住進自己的左心房
又飛來一顆
我安排他住右心房

監獄是不存在了
我，慷慨赴死
成仁取義

黑牢的樂章：希望

一不小心闖入一個構建自
亙古以來代代相傳的黑幫
其實是一座囚人的黑牢
不論何人
一進黑牢就埋葬了真性情
或那真性情也在掙扎
企圖擺脱牢裡各種黑手的掌控
尤其那女典獄長據説未掌權前好好的
成了典獄長後一切都變了
所有的囚徒很快會發現

逃獄，是唯一出路
當然，能否掙脫掌控
越獄成功　或
禪修入定
達到無我相、無人相的境界
這是極少數人才有的功力
因為這極少數人永不放棄希望

絕大多數意志不堅、智慧不足者
一入黑牢
在女典獄長的佈局下
真性情很快倒斃在幽暗的荒野
身心靈都不聽自己使喚了
什麼都不是自己的，只有無常
只有昨日、空洞、放棄

壞死，和無色無味的凋零
過去的鄉愁以及回憶仍會醒來
但是，渴望一種希望
是沉重的悲哀
也是心中一盞微弱的明燈
表示人生有夢
夢不虛幻　夢仍存在
原野的風自由的吹
天空的鳥自由的飛
夜暗的磷火自由的飄

黑牢裡到處有蜘蛛不斷的結網
密實的組織結構
層層查封
非要把已有重重圍牆的監獄再封得密不透風

風聲不能出走
外面的風聲也進不來
女典獄長說這才安全
囚徒必需無間地　被看管
主權不能淪陷
交配權絕不能旁落
這樣才不會作怪
可無論如何密封、查察、監視
還是有突破黑牢
穿牆、翻牆，出牆而去的
都想要吸一口外面自由之風
希望
是每個弱勢者手中最能握住的
一把有力的救命兵器
也很容易鏽壞斷滅

愈是絕望處愈需保有希望的火種
我思故我是
固執的打理失望的灰燼
灰燼，如雪如花
開花的夢幻
是一朵希望之花
當紅花化做初春的露水
我的鮮花依偎在誰的懷裡？
我會固執的等待
在四週冰冷的厚牆上寫滿希望
我會出去凝視天邊的雲浪
擁抱一顆巨大的紅太陽
我的筆桿搖曳生姿
搖曳出生花妙奇的希望

在悲慘世界中找尋人生樂趣
在黑暗中點一盞微弱的燈
在黑牢的樂章段落
加入幾節喜悅的音符
並鼓舞所有闖入黑牢的囚徒
是我堅定不移的使命

我之所以堅定的活著
為了一個機會
要起來推翻圍困囚徒的牆
突破女典獄長的管控
要重新譜寫〈黑牢的樂章〉
立一囚徒新典範
無論那女典獄長如何翻雲無常
都不能改變生物企圖找到

出口的
本能和決心
雖然表面上不被看好
實際上短期間也都是白做工
但你相信
歷史有一定的走向
歲月的眼睛是雪亮的
女典獄長再霸道、專制
不能扭轉歷史的巨輪
不能改變整座叢林的顏色　以及
叢林的生存和演化法則
我努力活著
為了把此種自然法則的內涵
溶入〈黑牢的樂章〉
改變黑牢的生態

不僅反制女典獄長的霸權主義
更能影響眾囚徒
對這種違反人性的霸權文化
進行永恆的鬥爭
我希望對圈外人有所啓示
——那些尚未進入監獄的好奇者

牢外的人對我們很好奇
不知道這根本就是黑幫
莫非是牢裡牢外都是牢
大家只是住在不同的牢房
相互之間辛辣的嘲諷
任何一方似都身不由己
被牽引著
遁一定的方向，走相同的路

一不小心就進了監獄
也許任誰也不知道、沒感覺
以為到了天堂
找到了幸福、美滿
因為從此以後可以吃飽喝足、永不飢渴
其實無形無影的災難已經臨頭
一條看不見的繩子套住了你的頸項
一雙匿蹤的鐐銬鎖住了手腳
少不了要受到思想考核
也別以為獄中不再興文字獄
百般磨難
過著三分像人七分像鬼的生活
說著五分像人五分像鬼的話語
才終於頓悟
怎麼自己把自己騙進了黑牢

從此成為一介囚徒
生物的奇妙處在此
那些迷路的惆悵、歧途上的痛苦
會成為尋找出口的動力
希望總會有一絲絲生機
勿懼於女典獄長的管控
勿責怪惡毒蜘蛛的結網
我寄予感動、同情的淚水
夾雜著輕蔑的微笑
因你自投羅網

即來此，則安之
堅定的保有希望的火種吧
勿使火種滅絕
重譜〈黑牢的樂章〉

再立一座黑牢新典範
需要你的助力
切記
住天堂不見得是天堂
地獄中也許有天堂
天堂，不是從天上掉下來的
不是人家送的
天堂還是自己去建造
當恐龍和強勢物種死光光
只有地下黑牢、夾縫中
那些弱小生命還勇敢的生活著
生生不息　繁榮壯大
我們正是夾縫中求生存的人
夾縫是我們的生路
能潛藏於九地之下的深絕夾縫

待機而動
必能動於九天之上
翱翔浩瀚之宇宙
而這一切
從一個小小的希望火種開始
黑牢的樂章
必將喚醒更多的囚徒
起來反制女典獄長的統治

過了夾縫便是廣闊的蒼穹
看見四季皆春
到那時
快樂的在每一塊寶地撒播種子
等待收割
春天的樹梢，喜鵲趕走一群烏鴉

在暖暖的陽光下歌唱
河岸有天堂鳥向你招手
你終於找到天堂
你改寫了黑牢的樂章
成為你自己人生的傳奇樂章

但是
擁抱天堂之前
你先得戰勝黑牢
戰勝死亡
戰勝那位女典獄長
無常的統治

順 民

囚徒
誰叫你自投黑牢？
只能當成一種順民
混不開的就當奴臣
只有這樣才能過日子
維持基本需要
有吃有喝
不會太飢渴

順民、奴臣

也還有願望
希望看到眾樹歌唱
鳥兒走秀
花兒撒嬌
在睡夢中
這樣期待著

花的紅裙翻飛起舞
秋月的愛傾瀉到我懷裡
還有陽光無私的布施
樹族果然唱起
原野三重唱
看見鳥兒交配、繁殖
創造宇宙繼起之生命
詮釋生命的意義

順民不該有思想，只要牢記女典獄長的訓令
順民的天職是服從，才能保有交配權
你是幸福的囚徒

（可是夢突然半醒半睡，大地一片渾沌，一座山壓在我胸口，是不是鬼壓胸。慘烈的大地燃起一朵鬼火，空氣窒息致人於死，四周的牆變臉，似要對我發動攻擊，我的身體成為一座虛空，浮了起來，天啊！我要突穿層層掌控！）

表面上的服從
一時取悅女典獄長的顧盼
我發現
愈是溫順如貓，愈能得到女典獄長的恩寵
或許時代潮流如是
所有淪入黑牢的雄性物種全都是囚徒
女典獄長有著無尚權威
交配權

掌控在她手裡
我這典獄長重申前令
順我者可吃飽喝足，擁有交配權
逆我者，死路一條
女典獄長的訓令
印發給囚徒
早晚頌讀
乃與《聖經》同等之寶典
專為培育順民之教材
順民必需說典獄長的語言
言論必需合典獄長的心意
你是幸福的順民

啊，空間如刀山
就算春花秋月

也被空間的匕首插在春花秋月的胸口
春花如雪
秋月似血
空間的每個字詞
動詞、名詞、形容詞……
皆如刀
女典獄長手握是刀
暗藏惡毒的詛咒
詛咒所有的夢，全都幻滅
所有的願望、希望，全都絕望
詛咒所有造反者，全部白做工
詛咒所有革命者，永無成功之日

順民不能有反抗
在被操了一整天後

下午小憩，淡然入神
四周的牆在竊竊私語
是監察、保防、調查、情報等人馬
向女典獄長報告一批囚徒的
祖宗八代和最近的兩性關係
結論是這批囚徒還算乾淨
女典獄長說：這種順民我喜歡
還有磚石和沙粒在密謀
內容不得而知
眾樹不唱歌，在算計著什麼？
鳥兒不走秀，騷動著
花兒不撒嬌，如風雨前的寧靜
當一切都孤寂
時間和空間全部凍結
這是革命造反的前夜嗎？

生命在光影的碎屑中
流放
瞬間就會碰上黑白無常
我只想逃離現場
因為希望
一絲絲希望的火種在順民最深的心海底層
向上生長、演化
遲早要開花結果
不能反抗，可以逃離啊
（女典獄長又下旨：「我每天省吃儉用，做死做活，讓你們吃飽喝足，你不該滿足我的交配慾嗎？今後凡逆我訓令者，皆拖出去砰！砰！」我又一夢驚醒，心有餘悸，立即回話：「奴臣遵旨，奴臣依訓令行事，不敢有二心！」）
孤獨是荒山中的一株獨樹
寂默是一隻貓科動物

只有夢的影子侍寢
走在濕瀝瀝的床板上
四周的景物是活動的
土地是死的
裸向
前世的我
今世的我成了無期徒刑的囚犯
牽怒前世的我
於是
今世的我殺了前世的我
今世成囚徒順民皆因前世的我播下種子
如今了去恩怨情仇
又燃起希望
穿過這座牆吧

或起來推翻這座牆
牆從來都關不住人的
萬里長城關住了誰？
鐵幕又關住了誰？
因為凡所有相皆虛妄
有時候牆是不存在的
穿過牆就是越過獄
就是超越自己
願望
開展成一座花果山
你是美猴王吧
奴臣可以當國王
順民可以當主人
只要你勇於織夢
順民有夢

要出頭天啦

穿過牆，我又看到
眾樹唱歌
鳥兒走秀
花兒撒嬌
璀璨如鑽，生命的殿堂
從廢墟中瞬間鮮活如游魚
你覺得順民不過一場夢
主人才是真實的
於是你自在生活
你安心入睡
睡眠像躺在花香綠葉中
呼吸著，在靜謐夜
透明的夜，凝望著你的軀體

凝視透明的夜空
不知為何
你忽然只想退化成一匹獸
呼應最珍貴的交配權
然後
幻化成一隻大鳥，拍翅、展翼
穿過虛妄的牆
飛向天際
實踐身為一個順民的希望

這一念頭的心情

肉身的我，坐困愁城
當女典獄長的奴臣
有時，小心翼翼的伸出觸鬚
試探她心情的顏色
瞄頭不對要立即收回所有偵測系統
否則將有驚心觸目的場景
乃至不可收拾的後果
偶得嬖倖
已是天大的恩典
反正當囚徒不應該有所要

無所得也是理所當然

無形的我，思接千載
這一念頭，已來回三界二十八重天
爽啊
誰能管控我思我想能長出
比天大的翅膀

放風後
又把肉身禁錮
端坐天牢中
凝視無情的牆面
思接天外飛來的外星人
也在物換星移
瞬間生滅

一道黑白的影像從我眼前
閃過
人世間一生的傳奇故事
在牆外也有呼喚
生猛的撞擊我的心房
聲波在血管中
游離
我想專心思索故事之源頭
抓住鄉愁的手
叫他讀我

我面對四大巨牆
如四大天王
站在一座叢林
叢林高聳的手

伸向天空
是天問
還是問天
我不求天只求己
我不想出山
只想出牆
去找一座山
屬於自己的山頭
那山的臉
那山的心
和我是一國的
我願意等
等到山窮水盡
海枯石爛
只要那座山

那山，是我的救贖

有了那救我的山
一切虛無都將彰顯成實體
瞬間生滅亦永恆
吾　不滅　不死
吾，願以肉身坐於牢城中
千年，萬年

三更了
又睡不著
時光仍在裸奔
生命已蒼老
老死在這牆內
久不聞女典獄長淫威

還有些不自在
看來人有時真也是個賤骨頭
太自由了引發動亂不安
過於專制產生的反作用力也是不安亂源
無解的習題
讓這一念頭失去陽光空氣水
思緒的翅膀萎縮了
想像的動能陽萎了
念頭被頭殼制壓
囚徒被一面面牆制壓
田園荒蕪
無常默默的嘲笑
只有四周頂立的牆
堅持立場

一個希望的念頭
從陰暗的夾縫中緩緩走來
他得意且自信的微笑
但他溫柔的話語像是你曾經同行的同志
這種念頭最珍貴可愛
他說，不要榮華富貴
不要萬里江山
不要多情美人
城牆會老
磚塊會滅
砂水也會乾死
只有這一念頭是永恆的存在
不要放棄你所想所思
不思不想
你，不存在

那念頭驚醒，化成一隻可愛的小鳥
在我眼前起舞
原來，那念頭
是一條牆外的自由之路
我提不起勁再啓動思緒的翅膀
只想著要走回孤寂的老路
延著來時的小徑
已不見紅花綠葉
再溯溪而上
找一處身心的桃花源
在那裡把自己
埋葬
以及那些念頭
一併埋葬

飢渴

身為人科動物
最難克服的，大概是
與生本有的基本需求
例如，飢不能食
渴不能喝
讓你飢渴難耐

身為囚徒
那個不飢渴
經常性的飢渴是常事

凡是囚徒必有的共同感覺
依法依理
當囚徒應是有吃有喝
依情嘛
就未必了
就以我碰到這位女典獄長
正常情況下吃飽喝足是沒問題
但她大多時候性情極為無常
你就沒吃沒喝
或有一頓沒餐的
經常處於飢渴狀態
她的脾氣翻雲覆雨
想好好吃一頓
幾乎是緣木求魚
你得好好獻媚

久久才能解饞一次
這種情況絕不能長期持續
生物必需找到出口
囚徒只好謀求外食
這當然是極秘密的管道
也不可能讓女典獄長知道
知道的下場都不好

天底下最嚴密的牢房也有漏洞
縱有十面埋伏的鐵幕亦有出逃成功者
天底下的囚徒都知道
想吃外面的
絕對有辦法
代價通常很高
這當然也有程度之別

換成本監獄這位女典獄長難度就大大升高了
因為她是天底下
最難纏的典獄長

現在，飢渴，如影隨形
牆上有一條影子
看起來
全身骨瘦嶙峋
像是很久　很久
沒吃了
又黑又瘦的影子
瘦弱貧瘠的可憐蟲
他是誰啊
不識得他

又過了很久
連露水也沒得滋潤
遐想有個窗子
望出
若有水聲潺潺
若有紅花如夢
亦能解饞

女典獄長的管控調查系統也不是省油的燈
囚徒心中想幹啥
她清楚的很
規定囚徒必讀《典獄長訓詞》，不外是
非禮勿視
非禮勿想
非禮勿幹

但終究不能解飢渴

三更半夜
送來一片
比夢還薄的土司麵包
說給囚徒
解飢渴
但——
天底下的囚徒一定都要抗議
抗議不成，等不到解答
那塊倒霉的土司
早已被飢腸轆轆的嘴
一口
吞滅

為解飢渴
有愈來愈多的囚徒
尋求各種秘密管道
謀求外食
且已形成全球流行風潮
未來岌岌可危者
恐是監獄
不是囚徒

又一囚徒被判了死刑

宇宙到處是監獄
社會發展出各種制度性的牢房
自遠古以來皆如是
不知為何？或人類智能不足
積極的建造許多監獄
把自己關起來
覺悟的人愈來愈多
越獄出逃的人也就愈來愈多
使得全球監獄總量有日趨減少的流行風潮
但相對而言

監獄還是很多很多

越獄、逃獄事件多，問題接踵而來
各種糾紛、衝突、傷害、謀殺死亡案件等
佔滿各類媒體版面
口水八卦造成各種洪災
往往成為頭條新聞

諸種案件中
以囚徒被判死刑為最嚴重
最叫人感傷
幾乎所有監獄多少有些離奇的死刑案件
不論死不死，嚴重的案件糾纏很久
牽動許多人馬
有的說按罪刑法定主義就是該死
佔在囚徒一方辯解

追求自由、人道有罪嗎？
很難善了
是永遠演不完的羅生門劇

我所在的監獄每年也有幾齣
悲慘世界要演出
不需編劇、導播、巨星、宣傳……
就能驚天地，泣鬼神
記得幾天前那一幕
至今餘悸尚存
我猛念觀自在菩薩，行深般若波羅蜜多時……
一顆心
仍七上八下的猛跳著
像一隻靜不下來的獼猴
那一幕

初如死豬被拖著
後如欲從虎口掙逃的脫免
場面像快閃的暴動
深藏的敵人
對你發動神鬼不測的奇襲
一批致命的暗器
射向所有觀眾的眼睛
每個囚徒都被打中
腿軟
心悸

一連幾夜
死了的囚徒來託夢
無人收屍
盼好心人，葬我於山河間之寶地

到廟裡，為我點一盞長明燈
中秋月圓、中元夜或清明時節
我將醒來

所有囚徒做著同樣的夢
他在奈河橋上哭
而你，在奈河橋這頭哭笑不得
人和鬼一樣可憐
一樣想逃獄
一樣想解開一道道無解的習題
因為一切無解，導至
民怨如海
淹沒整座監獄
女典獄長不得已
下達戒嚴令

今後
不論神鬼人
都禁止集會遊行
所有的蟬未經許可不准鳴叫
所有的鳥未經批准不得歌唱
所有的二足、三足、四足……
或卵生、或胎生……
要先呈文核備，才能張開嘴巴
凡此等等
都要嚴格管控言論自由
違者
全部拖出去槍斃
怪怪，所有神鬼人和一切有生
都乖了
古人說殺一儆百

果然是可實證檢驗的真理

啊！你說了那天夜裡要復活
回來看看老鄰居吧
你去了何處？
天堂早已坍塌
地獄人滿為患
無論如何是走完不堪回首的人生路
最後那段死拖活拖的影子
揮之不去
仍有獄友懷念你
終於不用當囚徒了
告訴你，女典獄長還是專制無道
囚徒個個還是想逃出牆
我們用沉默和潔白想念

同桌吃飯的日子
好長的時間裡
我們靜靜坐在桌前
吃不下飯，想著我等為何還是囚徒？
何時也要被拖出去？
想到曾經緊緊地攥著你的手
布滿傷痕、粗糙如石
像你的人生
所有的疲憊、疼痛或冤情
就一起被拖走吧

現在的你可解脫了
不再當囚徒
合上眼睛
凡所有相皆虛妄

子彈也是虛妄的
骨灰也是

在我的世界
宇宙和監獄還是一樣大
仍是一張床
一絲夜晚的冷風
吹拂，四季有雪有霜
寒和冷……
極難得有點溫暖
囚徒要向那裡取暖呢？
思索著怎麼逃獄、越獄？怎樣推翻巨牆？
每天都要演習
這是囚徒的天命
一生必需達成的使命

每日都是求生的試煉
看著新進的囚徒
也有被拖出去的死囚
為何這麼多人要進監獄？
大家都孤獨、無助，苟活著
不論多麼高壓嚴密的看管
四周被巨牆封得不透風
生物
一定可以找到出口

第二章　女典獄長

她日夜糾纏那座山

山無處可逃

山活得無奈，鬱鬱寡歡

得了憂鬱症

精神分裂症以及各種不明病症

不久，終於導至一座山

死亡

女典獄長

據聞這位女典獄長以前也是好好的
很正常的一個女人
自從當了典獄長一切全變了
為什麼變得這麼快？
神不知，鬼不覺，人無解
或許有位哲學家說對了
女人是弱者，為母則強，
為妻則疑，掌權必詭
是故，這位女典獄長才會日趨詭異

她是一支尖尖細細
用語言製造，無形的針
她每天總會刺傷你幾回
在心頭　肉裡　表皮
全身任由她刺
因為你無從回避
回避更慘
那一針針
來得太快，太準
只讓你痛一下
小痛、中痛、大痛、極痛
你死不了
你得自己慢慢療傷
傷未好
針又來了……

活該，誰叫你是囚徒！

她是一個龍卷風
有時大，有時小
就是不可測
你也躲不掉，無處躲
說來就來，說走就走
可以說是來無影去無蹤
神鬼不測
造成的遍地傷害
她才不管呢
她若無其事
你們就慢慢收拾吧
有些傷害一輩子收拾不完
有些破壞是很難再補好的

也活該，誰叫你是囚徒！

她是這所監獄的皇帝
皇權無上，不可質疑
普天之下，莫非王土；
率土之濱，莫非王臣。
現在皇權配合女權主義的加持
所謂的皇民、王臣
其實都是囚徒和奴臣
幸好她也算好皇帝
只要你乖乖的
她讓你吃飽喝足
她犧牲青春年華，為國為民
可天顏不可犯，不可逆
不可測，不可近，不可遠

你得保持距離
如臨深淵，如履薄冰
要很小心，極小心
伴君如伴虎啊

她是一陣風
風，只是翻翻書吧
清風不識字
她不過是做為一種練習工具
比試翻臉和翻書
何者較快？
風的聰明總不如人啊
經過練習成慣性
當然人翻臉比風翻書快
這可能基因也有關

典獄長一定有很特殊、詭異的基因
別小看了翻臉這個小小動作
產生的蝴蝶效應
不僅吹得倒你
讓你投降
也經常造成遍地災情
久久難以復原

她是調查局局長
典獄長又身兼調查局長表示她的企圖和能耐
她始終要查清四周一切事
有形、無形、潛伏者全要掌控
親自製訂：四清兩點、五查三找
讓一切可疑，無疑
讓所有囚徒，死心

別以為你跑得老遠，脫離掌控
回來得一一在典獄長室簡報
交待所有細節
解釋典獄長每個提問質疑
她真是幹調查的料子
任何人和她相處十分鐘
她定能知道你上三代下三代事
比你自己知道的更多、更深入
她很厲害吧
說句真心話
她所能獲得、知道的訊息
絕對多過鬼混的軍情局或國安局長

她是一部念經機
典獄長日夜念念不忘的是囚徒

念茲在茲，釋茲在茲
因徒是否仍是囚徒？
是故她的念經成為自動化
不論有電無電都能念
停念不定
念隨心起，不論日夜、四季
她常說：改變念頭，從聽念、聽訓開始
聽典獄長念經如同教徒聞法
身為囚徒聽典獄長念經
要誠心受教的態度，不應閃躲摸魚
你亦無處可躲
你總不能用水泥封住兩耳
那聲音有時候像遠方的土石流
有時如近處整群的砲聲
長期對準你

但——
你得頂住，忍耐才是功德
不然，你得去撞牆

其實她更像是一個玻璃娃娃
常常經不起風吹雨飄
當囚徒越獄、騷動成一些八卦等
都使她寢食難安、情緒更無常
乃至一哭二鬧三上吊
任何微風細雨對她可能是驚天動地
身為囚徒不能說什麼
稍有不滿你可能罪上加罪
傷了娃娃
有期徒刑變成無期徒刑或更重
一句重話

就是不可收拾的災情

當然，只要乖乖的
囚徒的日子可以好過些
除了

沒有飛針時
無龍卷風時
皇帝微服遠行時
念經機當機了
調查局長放假
無風雲，無波浪時
她，還算
慈眉善目
她，讓你吃飽喝足
她，任勞任怨

她，無怨無悔
她，做死做活
她，為囚徒承擔一切
你有什麼好不滿的？
但，她是什麼？
玻璃娃娃？
無敵鐵金鋼？
魔鬼終結者？
一隻夏蟬？
她是廿一世紀典型女典獄長

總之，你每天得小心
你要顫顫驚驚
你要小心過關
每一分鐘都是一個要命的關

龍卷風在你面前瞬間飈起
一根針隨時會刺傷你心頭
虎君是無常的
得罪了你無法收拾
啊，觀自在菩薩
我只好躲進你的普陀山紫竹林中

修行　或
避難

你總不能一直在避難，得回到紅塵道場
接受試煉、考驗
典獄長常訓示説
合理的是訓練
不合理的是磨練

當你經過
九萬九千九百九十九個小小的折磨
九千九百九十九個通關月考
九百九十九個期末考
九九八十一個大關卡
關關都要命，若你不死
定有後福

有一天你會突然頓悟
那無常的女典獄長
原來，她是一尊佛
你必需將她擎起成高坐在上的
神祇

女典獄長介入一座山

女典獄長初期只是介入一座山
續則企圖佔領那座山
乃至糾纏整個山脈
非要改變山的高度和氣質不可
非要那山，呼之來，揮之去
並嚴禁山脈有任何立場
山，絕不可以有自己的想法
女典獄長於是頒佈
第九十九號訓令，曰：
不論你是什麼山頭
都不過是一個囚徒

囚徒，不能有立場
囚徒，必需受到最嚴格的管控
周邊地區的山
紛紛逃亡
不逃的，也被典獄長驅逐出境
可憐的山，垂下頭
喪失山頭，沒了主義
日趨孤立、無助
她日夜糾纏那座山
山無處可逃
山活得無奈，鬱鬱寡歡
得了夏鬱症
精神分裂症以及各種不明病症
不久，終於導至一座山

死亡

山之初始太天真，太愛做夢
自封為王
自立成一個山頭主義
想著從此逍遙自在，不言恩仇
在山頂乘涼煮茶
目睹眾山小，遙見百川入海
目睹無情的浪
推倒前人
目睹眾樹群花、飛禽走獸
在山中輪迴著生老病死
而你
山，不為所動
企圖建立自己的理想國

山的想法太天真了
追求自己所要的自由
隱於市，歸於野
何曾想到一個女人在一夜之間
會進化、坐大成
位高權重的女典獄長
進化舞台上最可怖的掠食巨獸
凡所介入
必完全佔領、掠食
山頭不過是一塊弱肉

山之初始也太可愛、太老實
以為凡事苦幹實幹
就可以升高海拔的地理位置
以為志氣比天高

就能爬上第一高峰
沒想到經不起女典獄長的糾纏、管控
山不成山
山投降了
如巨木被攀藤纏勒
而死亡
現在他放低身段，幾乎要低於海平面
突顯女典獄長的崇高地位和高風亮節的人格
並且謙虛忍讓，搖著諂媚的尾巴
取悅女典獄長
隨時低頭拜倒在女典獄長的麾下
經常要表態，絕對服從女典獄長的領導
對她的嚴管善教絕對滿意
無有二心
最能讓女典獄長放心

悠游於女典獄長的淫威之海
快樂浮沉
與天下無爭
這才是一個守法守紀的好囚徒
也讓這座監獄和所有同類型監獄相較
我們的監獄成為模範、經典
女典獄長會多麼有面子！多麼高興！
她高興，山才像一座山啊
囚徒的日子也好過

所以，山現在已不想頂天立地了
怕遭非議
更不想廣結善緣
凡有所為必引起女典獄長不悅
一座山竟只想矮化成一個小土堆

給女典獄長墊腳
或只在自己的小山丘下聽流水的心事
這樣過了很久平靜的日子
身為囚徒
也感到幸福
山之可愛老實
他相信山不在高，有仙則靈
定有仙人撐住天空
何必自己去頂天
天空不會塌陷，大地萬物生機愉悅
當然他也愛自己的小山丘
他之所愛
正被春秋椽筆錄下編成
一部史記
山頭不論大小

都被大地所承載和承認
這些是在女典獄長層層高壓管控下
夾縫中求生存所能完成
一個小山丘的春秋大業

有時候，山想像自己是諸葛孔明
大夢誰先知，平生我自覺
撥開一片雲
找到蜿蜒的秘境小徑
箭竹林圍繞青山綠野
有潺潺流水吟詩歌
有奇石、枯木群集
像是真到了西方極樂世界
共同論述人世間的山中傳奇
山之大夢初醒

眼前來到一座山
谷中演奏起簌簌山風
在山中夢遊
夢想自己還是一座山
堅持要擁有自己的領地面積
用個性和氣味
標示地盤的範圍
自己又活像一個山主
又想著要有所作為
假設著女典獄長出差或遠行
就能有好美的夢境

每次山的堅持都很快破功
因為女典獄長的介入、糾纏
攻勢凌厲

山很快請求原諒
放棄成為一座山的樣子
只要成為小土堆給她墊腳
願意做一個怯懦的人
承認自己的無能
承認自己要當一個忠誠的囚徒
降到最低的高度服侍典獄長
山自願回歸到奴臣、佞臣的身份
不再造反
永不革命
不論女典獄長造成多少傷害
這座失去信心的山
願意逆來順受
修安忍之功德
從此閉關

不和別的山頭往來
只服侍女典獄長一人
讓她高興、讓她滿足、滿意
最重要是讓她放心
因為她是典獄長
典獄長有任何不是
理當藏在山的胃、心、膽、或山洞裡
如大地潛藏萬有
似虛空包納宇宙

山的無能、消極
造成山的末日
從此再也沒有任何造山運動
並且矮化成一個小山丘
佇立山丘之頂，凝視

蟲洞的盡頭
是末日
曾有的理想、追求自由的壯志
已是失落的文明
你的山頭主義和恩怨情仇呢？
也到了末日
一切
逐漸地
被介入
被糾纏
壓碎
你的不抵抗主義只是一場敗仗
你說任其成住壞空
你說恆星最後也會坍塌成一顆
無能的白矮星

你心碎後自願當一個監獄中最矮的
矮人
永遠比女典獄長矮一節
是你的天命

女典獄長公開宣佈她的勝利
囚徒也是矮人
這才合乎制度、合乎律法、合乎秩序
矮人要怎樣當才能取悅女典獄長
教材的第一課是癟三的養成
作文課裡多用諛辭，彰顯學問的深度
生活對應常表諂笑，墊高山的高度
用牛頓的反作用力撞擊自卑
可以膨風出讓人驚奇的
優越感

可提高身價、獲取恩寵
教材的第二課是高級小丑的培訓
女典獄長的高興代表你的行情
她的回眸一笑
是你人生的自我實現
她的恩寵是票房
是全部的市場佔有率
可以讓你風光築夢
你只要把受傷的傷口掩住
受傷的心藏好
你的舞台愈來愈風光、得寵
矮人教材的第三課是行乞
這是態度問題
你應該想成化緣
你要生存、你要生活

你要吃飽喝足、你有需要
你想要平安平靜度日
都得要女典獄長開恩、施捨
你能不低頭化緣乎？
至於尊嚴嘛
你只能向椰子樹虛心求教
高舉雙手向天空化緣
或化成一陣陣慈悲的晚風
向黃昏化緣

女典獄長介入一座山後
山殤啊
山不想說話
他傷的太深，說不出話
你說他是一座可敬的山岳

他肯定難過、傷痛
他不再高唱山歌
已被無端的森林大火燒成一座寸草不生的荒山
吐著白沫，冒著黑煙
眾生都要遠離這座山
因著女典獄長的介入
使山景叢林生態完全改變
山，在屈辱中漸漸死心
在失去空間的暗室慢慢死亡
終於失去海拔，失去地理位置
一座失去尊嚴的山
他有呼吸，卻不能生存
他還存在，卻不像生活
失去真善美的山
他是真的陣亡了

大家紀念一座已經陣亡的山頭
我們曾看你旗正飄揚
打了敗仗
雖當了敗軍之將
至少你經歷過一場不對稱戰役
你成就了女典獄長
你的笑裡藏著酸死人的酸
就把苦痛當成一壺酒
我們大塊吃肉、大碗喝酒
把痛苦一飲而盡
讓人生所有的苦，全數陣亡
厚重的烏雲，壓著陰霾的空山
一隻紙鶴復活了，化成
一隻捕魚的鳥，以箭姿

射向哀傷的魚
魚的哀傷
也因外力的介入、糾纏
再摺千萬隻紙鶴也不能喚醒一座山
為超度和紀念
我們為你誦經文
觀自在菩薩，行深般若波羅蜜多時……

山的身後
是滿天蘆花漫淹春天的
飛絮，山往生，又
轉世成一個可愛的孩子
時間是拄著拐杖的老者
他們在山腳下相遇
說起一座山的前世今生

記憶的大海，深不可測
只要住在雲端的時間是智者
他知道
他看到山的身後，在我眼裡
光陰之犁耙翻開一個新生命
而那疲倦的大地
讓管控者和被管控者、壓迫者和被壓迫者
同時成為腐屍、腐爛
供養眾生
又再新生、成長、蒼老、死亡
在時間的漩渦裡
壓和被壓者雙雙皆輸
因為死掉的山和死掉的人一樣
帶不走什麼
理想或堅持也還放在原來的舊倉庫裡

死後的那座山至少成為傳奇
說書者最愛的題材
喝咖啡最愛聊的是非
八點檔連續劇再演一千年
據聞一說
那女典獄長不論多麼專制無常火爆
也還讓囚徒吃飽喝足
至於說她介入一座山
能瓦解整個山脈系統
這也太傳奇
傳神了

女典獄長思想概要導讀

㈠新歷史進化論

某日，曉月曚昧
緊急風聲
典獄長智慧字第三號訓令頒佈
文曰：
　　今後早起的鳥兒不准私自吃蟲
　早起的蟲兒嚴禁到處亂跑
　即日起
　一律參加晨讀
所有囚徒誦讀《典獄長思想概要》乙書

原來的《蔣公訓詞》、《經國先生講話》、《毛語錄》等
全是廢話
即日起
全部廢除
違令者
誅十族
欽此

地球上最初的單細胞生物
為追求虛榮名利
啓動演化的能量
有了海裡較複雜的低等生物
但海中的虛榮名利不夠豐富
牠們發現陸地有最大的虛榮名利版圖
乃向陸地進軍、進化

果然虛榮名利是一種自動自發
潛藏著無限大的光熱能量
進化出如今地球上各類眾多物種
人類亦由虛榮名利進化而來
為虛榮名利而生存

恐龍因不懂虛榮名利的進化原理
而滅亡
牠們臨終前仍搞不清楚為何而活
故未能綿亙其物種
虛榮名利是生命進化的活細胞
是蛋蛋
也是雞雞
所有地球上已經滅絕的物種
包括不久前的長毛象、龍貓等等

都因不懂這個生物歷史進化論
才滅亡
牠們誤信達爾文的詭話
被導向死亡之谷
目前還有一批獅子、老虎、大象、猩猩……
尚未悟懂典獄長的新歷史進化論
得了憂鬱症、精神病及各種古怪絕症
即將面臨絕種的命運
只有熊貓
苦思萬年仍不知為何而活
後來牠們開始禪修
瞬間頓悟
原來虛榮名利是生命的泉源
虛榮名利是掌控交配權
繁榮壯大

唯一的力量
現在熊貓過著幸福美滿的生活
牠們受到的尊重
平均個別所享有的山林、綠地、資源
超過人類很多

據聞
人類是地球上最聰明的
異質生物
還是被一些假科學家誤導
真是和猩猩大象等差不多笨
達爾文說什麼適者生存……
簡直鬼話連篇
馬恩說什麼階級鬥爭使社會進步
更是騙死人不償命

孫中山說互助是人類進化的動力
也是謬論
典獄長經無數實驗、田野考察
典獄長天亶聰明、女中天人
深知檢驗真理唯一的辨法
就是實踐
宇宙間若要檢驗出有個真理
虛榮名利正是一切物種進化的原動力
是人類進化、社會進步的
「性」和「興」一劑能量仙藥
你看那些癟三、孺種、豬八戒、縮頭烏龜等
當了組長、會長、局長、部長等亂七八糟長
儼然人模人樣、高人一等
豈非虛榮名利的功勞乎？
凡我囚徒

切記！切記！

於是，再進行更多田野調查
所有的角落、叢林、邊陲、核心
到處滿患著
蟑螂、老鼠、病貓、人蛇、群猴、走狗……
他們都在找尋一絲絲
可以謀求虛榮名利的機會
或至少分得一杯虛榮名利的殘羹
更有對虛榮名利領悟較深者
企圖推翻
貴族、小開、富二代、肥貓、食人虎等
他們是現有社會虛榮名利的掌控者
他們豈能輕易放手
大家都在尋覓生命的意義和價值

虛榮和名利
那些餓得半死的病豬、蟑螂等
掠食不到一點虛榮名利之剩羹
只好咀嚼自己在天空中畫出的一張大餅
解饞
總比吞掉自己尾巴好吧
凡佔有一塊虛榮名利之版圖者
不論多小一塊
目睹叢林生態之怵目驚心
都警惕自己
守住這塊版圖
世襲王國
以創造宇宙繼起之生命

宇宙在成住壞空中生滅輪迴

虛榮和名利也是死了又活
活了又死
你看那展覽館、博物館
陳列著一塊塊
虛榮和名利的化石遺骨
在這寂靜的空間裡
彷彿還聽到戰勝者的狂笑
大塊吃肉、大碗喝酒的豪情
以及那些弱肉孤老幼小
失去虛榮和名利的悲鳴
竟連一丁碎肉也搶食不到
眼睜睜看著人家
大塊吃著虛榮名利的進口鮮肉
大碗喝著虛榮名利的黃龍美酒
享受者虛榮名利的飽足感

那些光會悲鳴者那裡知道
虛榮，須以智爭奪、佔領，才能實有
名利，須以力廝殺、計謀，方得享有
這些化石遺骨的智慧對話
唯本女典獄長理解聽聞
筆之於書
代代傳誦
再解開物種歷史進化另一窗口
凡不獲虛榮名利眷顧者
只有逃亡、流浪、倒地、打烊
以及被吃、求饒、哀嚎、滅亡
都在館中玻璃櫃裡
鐵證如山
人類新歷史進化定律
亦代代傳誦

以警惕後來物種

真理是一朵色香味俱全的花
虛榮名利為花魂
在歷史時空中展秀
從不同的世界穿梭、找尋花和魂
虛榮和名利會自動建構
方便的蟲洞
美麗之花插入進化的寶瓶
展演刻骨的名利和銘心的虛榮
謀求這種真理
一種痛
一種癢
一種嗎啡、一種鴉片
求得真善美的虛榮名利

以及虛榮名利的假惡醜
都全部供養給一座生命舞台的繁盛壯大

典獄長駁斥某些非主流的邪魔歪道謬說
說什麼人類歷史進化歸因
於神・於鬼
於命・於運
於機率・於創造、無中生有
去看看博物館那些虛榮名利的遺骨化石證據
便終結了神鬼論者的謬論
命和運是一雙破鞋
機率等是假科學或反科學
宇宙進化任由虛榮名利擺佈
任由虛榮名利散發無敵鐵金剛的力量
虛榮名利法力無邊

只有虛榮名利能進行
恆久不衰的造神運動
可以創造宇宙
可以毀滅宇宙
啊！女典獄長
妳深悟宇宙真相
妳是萬能的神啊

虛榮名利駕著萬能的時光列車
駛過初生的地球、過寒武紀、侏儸紀
到目前的新世紀
虛榮名利的肉身成化石
但DNA永恆不死
歷史的幽靈，在黑洞的記憶中
蠢蠢欲動

在每個站都會停靠復活
附身人類
再創造一座屬於虛榮名利的富貴王國
物種，逃不出風的驅策
這種風迎面吹來
你深深吸一口
是陽光空氣水
性的滿足感
爽的程度
破表
啊！人生，人類物種得以綿延進化
人類的珍寶
大家瘋虛榮名利
虛榮名利，瘋

你從遙遠的世界瞬間
穿過蟲洞
就是為躺在這春日暖陽的青草地上
享受虛榮名利風

女典獄長思想概要導讀

(二)兩性關係的真相

所有兩性間的旦旦誓言
都是裹著華美糖衣的謊話
真有心心相印的
山盟海誓
再用長生仙丹加持
誓約的生命
絕不比陽台上夜裡初開的曇花
活得久
就算比曇花長壽

也會比晨間的露水
提早壽終正寢
所謂愛情、誓言
像各類雌雄物種引領期待
瞬間在夜空中劃出絢爛的光彩
你笑聲未停
故事尚未開講
夜空已重歸黑暗
只聞曇花凋謝前
一聲長嘆夢囈
曉風殘月
曙光嚇走做愛情美夢的露水
那才是夢魘的開始
約會是一場戰役

課本上的戰術不一定管用
戰場是無常賭局
虛實有無難以掌握
是非對錯永遠不準
可怕時
三十六計也來不及用
戰役就結束了
其實兩顆星球相互吸引
已純然受到新進化論的制約擺佈
說到雄性，女典獄長示顯
睥睨的眼神
雄性生物都是沒頭沒腦的
只用下半身思考
雌性物種永遠是一顆巨大的磁石
對一切雄性

吸之則來，揮之則去
仍然得小心
任何雄性生物進化成人
可能瞬間
質變成
一隻暴龍
倒霉碰上
必成這場戰役的輸家

兩性回眸顧盼間
是宇宙渾純初開的世界
空間充溢非星非雲之星雲
時間滯塞、停擺
距離不願意當現場證人
於是恍似

有光流洩入潭
情境如鏡裡與鏡外
鏡中的你
對你回眸一笑
如夢似幻的容顏
一定是前世的情人潛入鏡中
欲將情人喚出
喚出，只怕
穿破了西洋鏡
空間破碎
時間消失
不願破鏡而出
只得持續入夢
晨曦醒來
品味著夢境

咀嚼情話的甜度
新鮮的誓言如晨光
悠游在愛情海
多麼真實的海市蜃樓
鏡裡鏡外的國王與皇后
都不願意喚醒自己
一旦甦醒
天地分開
整座大海的誓言
瞬間化成一束乾癟的人造花
乾澀的情欲
不能支撐渾純的美感
縱有一方痴痴的等待
另一個謊言
在山海間再訂盟約

再用南亞保鮮膜保鮮
那山盟海誓的保鮮期
會比午夜開的曇花久一點點
算是對一見鍾情的回報

愛情也是一種精神病併發症的過程
部份是罕見疾病傳染
瘟疫、鼠疫、瘧疾流行導至
乃至如各種癌症等
症狀有輕有重有沉疴
其病不可稱數
有時看似正常
卻無端引爆一個詭異的龍卷風
捲起一陣風風雨雨
雌雄兩造無語問天

世間可有一個神醫
能為愛情開刀
割除愛情腫瘤
去除癲癇病毒
或找尋一種神藥
使談情説愛者
當個正常人
或使凋謝的曇花回復青春
若皆無
定是所有精神科醫師
都是精神病或神經病患者
才會開出一張張甜膩的情書
把醫病關係説得天花亂墜
還説是雌雄兩造談情説愛的
靈藥

各方都流行著輕重不同的怪病
你的眼耳鼻舌身意
你的色聲香味觸法
都是一支鴉片煙
你喘息著・她癲癇著
皆身不由己
將欲望的春色
釀成一帖維持愛情的春藥
而那眼眸中空盪盪的幽靈
日夜與鏡中的自己
談情說愛
說愛情是阿拉伯神燈
亢奮・沉溺・死去・復活……

啊！戀人眼裡都藏有一柄雪亮的刀

用以屠豬
包裝精美的刀
看似一束玫瑰花
載著戀人飛翔
談情說愛的人都在刀口上走路散步
任何時候，花變刀
刀變花
你們閃著寂寞的欲望
雙雙不能自拔
隨著引力不停地轉
轉、轉、轉
不會引你們上天堂
也不會入地獄
你們舔刀頭的蜜
得如花的滿足

你們上刀山散步
你們在劍樹下擁吻
你們在床上刀光劍影
當舞台變擂台
下一刻的結果是什麼？
也許兩顆星球碰撞後
造成一場大滅絕
所有相關
與不相關者
全都來為這對戀人祈禱
此刻
他們真的上天堂了

交配權決戰過程中都是灰顏色
雙雙都有三個字的迷思

非情報不通
敵我不分
從開始
謠言在叢林中不斷滋生散佈
你是誰？
我又是誰？
把物種的觸鬚伸到極限
還是觸礁
又擴張末梢神經
啓動第六感
拿禪宗的大棒子
夯破自己的腦代
依然找不到「我」
我，是被嚇跑的
不是走失　便是

逃亡
至於第二個字
躡手躡腳的走在歷史叢林迷霧裡
還是不斷的闖禍
從木馬屠城到安祿山造反
只見色頭上的刀光劍影
那些溫柔的蜜語經解碼解讀
都是虎狼和狐狸長期臥底密謀的
密語
當溫柔的密謀被揭發後
各方都不知不覺的啓動反制機關
在反制、反反制
反反反制過程中
一再不斷檢驗
都不能論證這第二個字是否曾出現在

人類的歷史舞台上
戰火依然持續者
只為爭論第二個字的有無和歸屬
最後倉頡老祖不得不出面澄清
證實
礙嫒礙嫒艾隘靉鑀璦　其他
都是不存在的
或八卦
還有第三個字
始終被十目所視、十手所指
一向躲得深遠
就怕冒出頭
被斬
靈魂挾持屍骨也要
快逃

以免被他的八號分機追捕指認出
就是你

永恆的兩個死敵陣營
追求著柔盾中的統一
只有暫時的輸贏
電火石火構建的戰場並無徹底滅火之道
就各自亮劍吧
在擂台上要怎樣談情說愛？
我們為壯大物種而奮鬥
爭奪交配權原是
一種天命
雌雄都在傾訴一生必需實踐的理想
就在方舟上的事件
靈魂雙雙顫抖

驚天地、泣鬼神的演出
在一個世界中孤寂
慾望，一再從虎牢裡奔出
為延續物種，撞衝方舟
展演‧開戰、休戰
又開戰
爭奪交配權
乃鬼使神差所佈局
恐怖平衡

女典獄長思想概要導讀

㈢生活行誼與人生哲學

黑夜和白天不停論辯自己的清白
洽似你們這些囚徒
女典獄長的開示直指真相
都不承認自己有罪
於是
你的清白被上了銬
你喊冤
叢林中每株自命大丈夫頂天立地的巨木
緘默無言

你只好推給因果
說一切都是緣
但你飢腸轆轆的行屍和走肉
刻印在獄所的牆上
成為一個孤獨的芳影
影子也在喊冤
因為眾生對《典獄長思想概要》一書
尚未悟出原味
影子拒絕在遺書上簽字
又說是因緣未到
眾生真是病得不輕
唯一可以痊癒的神藥是眾生必需苦讀
本座
《典獄長訓詞》等各經典名著
眾囚徒皆因只信因果

得了生物退化絕症
真實的生活
只有今天
昨天屬於墓穴中的幽魂
明日屬於夢
終於你在囚房內聽見陽光的腳步聲
你以為鐐銬可以爭脫
又推給因果
如果明天上刑場也是因果嗎？

雲的臉為什麼轉成烏黑？
一定是剛才幹了壞事
風的足步為什麼踉蹌？
一定是小三的消息走露了
小鳥為什麼歡唱？

一定是得到一頂虛榮的高帽子
陽光為什麼笑口燦爛
當然是因為站在高層的名利雙收使然
兒女為什麼不放棄父母？
當然因為有很多遺產
副局長、副部長、副主席、副總統等副座
心中在算計什麼？
典獄長深知所有未明之密
因此，本典獄長永久撤除副典獄長一職
永絕後患
查明所有的為什麼？
是典獄長基本的生活態度
落葉為何飄？
也要查明原因
只有本座——典獄長行誼和思想

屬第一因
眾生皆無權過問
囚房的門按時關開
囚徒的渴望
是一隻啓航的鳥
想飛
能飛去那裡？
或者
為什麼？
你答不出來或吱唔
必引起女典獄長天大的懷疑
要查明你的祖宗八代和十族關係
在你的考核表重重記下一筆
你才能仰望這位女典獄長
她的不凡

她空前絕後，她的絕
她的生活行誼、生命歷程
都是哲學、神學
第一因

典獄長有潔癖
雖說人往高處爬水往低處流
水流聲不能吵到她的清靜
人往高處爬
不能礙了她的眼
她看眾生
囚徒都是不乾淨的
而最不乾淨是一切雄性物種
人海茫茫
沒幾個是人

本座聖眼望出全是齷齪
必需徹底清洗
檢視每個角落都是污穢
天天要大掃除
地球，不容一粒沙
地表，不許有一層灰
人心，不准半點渾濁
言語，不得有一絲閃光
山林，不應雜亂
大海，不該自私
每個人都必需乾乾淨淨的
把血淋淋活跳跳的真心捧在手上
讓女典獄長看得一清二楚
證明
你的乾淨是百分百

碰到這樣的女典獄長是你的福氣
本典獄長對掃除世間一切骯髒
有神聖的使命感
神聖，不容挾雜平凡
崇高，不得有半點懷疑
使命，不會打折扣
從「典獄長智慧字第三號訓令」頒佈之日開始
每日早晚點名必需呼四句口號：
　服從典獄長領導
　典獄長萬歲萬萬歲
　貫徹典獄長訓令
　囚徒每日三省確保乾淨
於是，眾囚徒聯名上書女典獄長
在她有生之年完成使命時
為她舉行封聖儀式

正式進列聖位

你是一隻草原上的野兔
幸福覓食、生活安逸
突然你成了大野狼的美味牛排
大野狼看似頂層掠食者
到了大乾旱季節
牠想飛
飛不起來
擱淺在無水的荒漠
牠的眼神已不想飛不想逃
你是一隻羚羊
悠閒享用美食
在溪邊群聚喝咖啡聊是非
突然成為一隻獵豹的生魚片

牠還把吃剩的拿去掛在樹上晒臘肉
放著改日下酒
有一天牠又想捕一隻羚羊當午餐
卻過勞死
野兔、野狼、羚羊、獵豹……或人
所有物種的哲學
只有活著
活著，沒有哲學
活著不過搶食一塊虛榮的碎肉
或掠食更大一塊血淋淋的名利鮮肉
死亡也沒有哲學
若有哲學，是一塊可以讓人吃飽的肉品
這是女典獄長的哲學
女典獄長是一部高於哲學的神學
空間有很多縫隙

隨時讓人跌進去死掉
抓住虛榮名利
可晚一點死
虛榮名利
是所有物種的延命良藥

大千一墓墟
每個人的夢都是灰白灰白的
在墓穴虛空中
茫然、飄飛
你從生到死飛不出這荒塚
墮成塵埃
終於墜落到無底的幽黑深海
成為一艘永不見天日的沉船
你一生的大業也沉入

只能典藏在最深沉
夢境中
只有夢境才有渴望的暖春
你仰望
你思索著，女典獄長的哲學和神學
夢幻的夜空
星光閃爍著密語
從時空蟲洞
傳來編織一個綺麗的理想
這才是人生的真相
真相，是千萬不能醒來
醒了，連真相也沒了
偶然，有秋風
掃掉一陣落葉
綺麗的理想會猝然破裂

像一個瓷瓶
重重跌落地板
碎片全在沉船中沉睡
沉船在深海墓墟中沉睡千百年
原來人生最後不過是一艘沉船
你所有的虛榮名利
都得填裝進去
你的吃喝拉殺、你的欲望幻夢
你的一切
都撲向巨浪濤天的大海
密藏於船塚
那些啓航前的豪壯氣色
已凝結成淚
為沉船送行
你們無所退路

從一開始企圖從墓墟脫逃
又想從沉船裡逃生
都想要走出一條屬於自己的路
無奈爭脫不了囚徒的枷鎖
生於墓墟、死於沉船
你的奮戰是一種臨終掙扎
博擊虛名之怒濤
奮戰名利之惡浪
當成一個千秋大業
不論誰的千秋大業
都不過是沉船
朋友、敵人、情人、情敵……
終將是歷史大海中伴你沉入更深
縫隙中的沉船
或歷史灰燼隨風漂流
囚徒們，典獄長也是一種囚徒

被你們所囚
遲早也是一艘沉船
或是一粒
墓墟中的塵埃

女典獄長思想概要導讀

㈣向「典獄長精神」學習

我們這座監獄
其小無內
其大無外
無法無邊
是故
女典獄長有神奇的領導管理藝術典範
在《典獄長訓詞》一書不斷強調
學習典獄長精神典範
是考核囚徒好壞的重要標準

學習典獄長精神的第一課
制人而不制於人
使神鬼皆懼
俗話說一哭二鬧三上吊是也
哭，歇斯底里的哭
鬧，歇斯底里的鬧
上吊，歇斯底里要上吊
配合無常的發作
可使天崩
地裂續之
群山皆拜倒
人見人怕
尚有敢不投降者乎？
讓你成為一個永遠淺而不可測

亂角色
就算有人吃了熊心豹子膽
還要敬畏你三分
據聞
當代學術界有所謂獄政、醫院、企業管理
那些「大獅」的神話、鬼話
都是騙死人不償命
全是白做工
真正要找到宇宙間有一種管理藝術
是一哭二鬧三上吊
當你成為黑白無常
眾生皆你治下之囚徒
視你為至尊
你不信嗎？
試看那偉大至尊的太陽

不定時爆發
天大的脾氣
轟動天空，驚動宇宙
沒有人能預測下一秒太陽會不會翻臉
果然
把九大山頭和無數角頭
管得乖乖的
有誰敢造反？
有誰敢革命？

一哭二鬧三上吊的精神
無常出牌
出牌，隨機
黃昏的紅桃或午夜的黑桃
措手不及

梅花和鑽石也不知道你底牌何在？
鬼都投降了
你的無常，如太陽
邪魔歪道被你的眼神焚傷
凡親近者
傷重不治
正人君子罵你是瘋子
瘋子，才是管理藝術的境界
向女典獄長學習的核心價值
塵世間，眾生歇斯底里
可笑，每天高高在上
自命不凡
像一個神明
附身在一個乩童
歇斯底里對所有人下指導棋

不知者備三牲五禮來拜拜
智者避之如蛇蠍
偶然，有囚徒又落網，多少人能
落荒而逃
春風吹又生・無常哭鬧
監獄逃得只剩房子
眾人束手
歇斯底里的統治者
尚有不服否？
就算偉大的太陽
也不能探究女典獄長無常之源頭
無膽和她比賽歇斯底里
若硬要比下去
恐怕九大山頭和無數的角頭
全都也歇斯底里了

瘋了
是故，太陽也無膽與她對視
怕被傳染
更怕被激怒、失控
毀了整個系統
也只好修安忍之功德
你只管趺坐靜觀
她歇斯底里的開示
開示，你衣服穿太少，她很冷
你衣服穿太多，她很熱
山太高是自大，水自流太囂張
花太紅真不要臉
地球、太陽、山河大地……
全都被她惹毛了
被傳染了

都來學習女典獄長精神
一哭二鬧三上吊統治一個囚徒的世界

學習女典獄長精神的第二課
氣死人不償命
遠觀女典獄長高坐在上
在進出她的國土無數次後
甚至，你得到身為囚徒的榮寵
已不需簽證
你自以為摸透她了
其實你只摸到皮毛
你順水推舟
當順民
你何曾？或何敢逆其風勢而行
你只能逆來順受

因為你恐懼那股氣
那氣，氣
把春天的喜鵲都氣死
把夏天的太陽氣炸，對地球發射悶氣
把秋風氣得愁更愁
把冬雪氣得淚水流成河
把死豬氣得吐血
進化論也氣死——進化論早該死了
兩性雌雄全氣死
她的氣
產生蝴蝶效應
氣死和她在一起的所有人
導至東半球風雪、洪水
西半球乾旱，高溫氣死更多人
她不僅氣死一座山

整座山脈系統也氣得半死
你問：氣死這麼多人不用償命嗎？
各國法律規定不一樣
何況一花一世界．一沙一宇宙
在本監獄女典獄長治下之王國律法規定
典獄長氣死人不償命
長期以來國家的典章制度、政策宣傳一種
進步的新觀念：

　典獄長永無錯
典獄長是永遠的主人
所有的錯都是囚徒的錯
所有的責任由囚徒承擔
主權永遠在典獄長
財產權永遠歸典獄長所有
國家安全永遠是雄性的責任

你只能恨
恨你自己
恨死人也不償命
氣和恨是一人跳的雙人舞
在一個縫鋍的世界
自己和自己相遇
碰撞
引爆電光石火
每個人的眼睛洩露了最高機密
希望得寵
但女典獄長不信任所有囚徒
且一口咬定
所有囚徒都是不安好心
所有囚徒都想推翻她
都想逃出去

吃新鮮的

你所有的獻媚都是白做工

你恨嗎？

不能恨

恨自己沒能更積極學習女典獄長精神

囚徒是一種很特別的物種

能以失憶止痛

能以失智療傷

能對世間的苦難、專暴、腐敗等視而不見

能容忍黑道橫行

能制壓白道過激執法

使一切物種共生覓食

因而得到慈悲的和平主義者之美名

因此囚徒修行到這個境界

心中無恨
女典獄長不論多麼霸道、無常
都是高坐在上的菩薩
這是囚徒要學習女典獄長精神的理由
仙藥就藏在時間和智慧交叉道
膠囊中
學習典獄長精神，囚徒無恨
在這眾生困囚的凋零年代
山山水水皆愁雲慘霧
山因被囚而成殘山
水因被囚而成剩水
囚徒的祈禱聲也楚楚淒淒
鳥聲叫不醒四季的陽光
所以，向典獄長精神學習的第三課

仍強調無常精神
精神，失常
在歇斯底里的輪迴
才是致勝之道
一群正人君子被關在鐵門鐵窗圍住的精神病院
指控那些負責開藥打針的
精神病患者
無人理會
只有神慈悲受理
他們感謝神
從自己尿盆裡端出一杯
美式咖啡
敬神
當天晚上，女典獄長邀請
這些正人君子

敬如上賓
向所有囚徒訓勉，聲稱
他們是典獄長精神的典範
那些開藥打針的全出來投降
投降，向歇斯底里
這是無常的厲害
典獄長精神的核心價值
你不要被認為是什麼？
或不是什麼！
典獄長為何始終能夠高高在上？
何能讓囚徒聽命？
皆因歇斯底里的無常修行
你成為一部變形金剛
會七十二變的猴子
變形決定你的社交地位

變，凡所見皆不真
看吧！樹下休息的公雞和母雞
皆非善類，定在亂搞男女關係
看吧！樹上那兩隻鳥
左邊那隻一定是小三
典獄長洞知世間正邪
囚徒終究是囚徒
囚徒，屬於一切雄性物種
像你們這樣先天不良後天不足的囚徒
是變形金剛最討厭的可憐蟲
再進化一億年
還是只能給女典獄長
墊腳
你恨嗎？
加倍學習典獄長精神

真誠的獻媚

學習典獄長精神的第四課
永遠在歇斯底里的夢中不醒來
醒來，歇斯底里　或
歇斯底里的半睡半醒
智商向退化的方向進化
人類的歷史、社會進化的舞台
由歇斯底里的高層統治者
配合中低層歇斯底里的囚徒
推動・發展
女典獄長深悟此道
並以此教化眾囚徒
於是，你做著頹廢的夢
一切的雄性物種只有走路的下半身

沒有思考的上半身
不想飛
血液和腦部都是虛構的
只有因徒身份是實在存有
生命雖然在激盪不止
激盪，只向女典獄長獻媚
獻媚，為取得交配權
頹廢的夢在歇斯底里中彰顯典獄長精神
在宇宙囚房翱翔
下半身是熾熱的
交配中
事後，夢和魂只想逃出身體的囚禁
卻在循環中
昨日、今日和未來價值何在？
諦聽典獄長訓詞吧

讓歇斯底里催眠
度一切苦
把女典獄長精神當仙藥
開啓一座命中的桃花源
想像獄中綻放靚麗絕倫的春天
在交配過程中示現
女典獄長的回眸一笑
你便願意再當萬年囚徒
頹廢的夢即刻昇華
昇華成高級囚徒

修完典獄長精神這門課程
或許你才領悟
大象為何敢於羞辱老虎獅子？
獅子老虎為何不客氣的追殺牛羊？

典獄長為什麼始終是典獄長？
囚徒為什麼始終是囚徒？
囚徒為什麼一定要供養典獄長？
難道要等一百個蘋果掉下來
打破你腦袋才頓悟嗎？
我終於想通了
這天晚上我夢見河畔一隻老虎
吃草
吃蘋果
最後又從河裡取一杯美式咖啡
我聽見
牠牙齒的咀嚼聲
有些驚恐
我搞不懂
老虎為什麼吃素？

還喝咖啡，比囚徒懂得生活品味
我仔細端視牠的臉，大嚇一跳
那是一張女典獄長的臉
牠的嘴上已叨了一塊血淋淋的肉
那肉，剛從囚徒身上撕咬下來
這一切超出我智慧所能理解
我放棄思考
放棄我的上半身
唯一想做
雙膝跪在女典獄長前，三呼萬歲
我等，無條件學習女典獄長精神
以典獄長為夢中情人
以換取交配權
這樣舒服多了
當個乖囚徒
是可長可久之策

第三章　越獄・尋找

尋找一座山

要實證一個前世的約定

要實踐一個天命中的山中傳奇

那是午夜的蜜約

就在今夜

山色山風都叫人心醉的時候

尋找一座山

突破千重圍牆
避開情治管控
去那裡找到這樣的一座山
不太高，不險峻
很挺拔，亭亭玉立
有點斜度
攻頂時才會讓人心跳加速
這座千辛萬苦找到的山
四季流泉漖溢
林木湑湑，礦產豐富

質地上她屬新生代造山運動形成
你靜聽
山的均勻呼吸，聽夜鶯歌唱

你耐心地
打開叢林密菁
進入更深邃處探勘
將可採得絕世寶藏
感悟大地那股彈性收縮與吸納的力量
最特別是天地交融後重構乾坤的精華
清鮮神秘的瓊漿
幻化成晨間
露水
峰巒間縷縷飄逸起晚霞彩雲
還有源源不斷的水資源

這座山是全世界的唯一
萬山中之極品
山，會思考
會撒嬌撒癡的山
爬這座山的人要有相對的功力、品味和水準
帶著新生代的青春旺盛活動力
有著魔鬼身段和質地
全世界去那裡找到這樣的一座山
我越獄
突破千重有形無形圍牆
我苦苦追尋
我找到了這座山
這座山，是怎樣的漾態
我近觀、佔領

幽幽淡光中斜欹的小綿羊
睡了！睡了
可愛的山睡著了
造山，律動中
雲霧裡靜靚裊裊
是她的夢鄉
挺立的山峰均勻波動
佔領．探勘．測量
順著雲淡風輕往下滑
是何漾氣象？
巫山的雲和雨吧！
泉谷間有了涺粼淙淙
愛戀的湖湧
佔領．交融．統一

慵慵懶懶的纖纖山形
躺在斜坡草原上
時間的平臺漂流
山水粼粼
漾著艷麗的彩雲
一口咬住山
左手爬山
右手涉水
彩雲不再漂流

賞玩這座山的漾態
在進行全面佔領
你任何時候想爬山
山，屬於你的
山，為你解渴、解飢也解饞

啜一口玉液瓊漿
這光景
是西方極樂還是靈山？
回歸原野自然
不求山有山，不求水有水
不要彩衣，不要雲影
同在一株樹與籐的交纏中神昏顛倒
來啊！爬山
賞過玫瑰、月桃或花香
再爬啊！是溪澗的夢境和山水秘景
直搗聖山聖潔靈魂的最深底處
只為品賞這座山
今夜的山風
吹來怎樣的風味？
找尋一座山

山，幻化成一隻小綿羊
小綿羊，是我心中一座可敬可愛的山
吹起的山風
我喜歡、我愛
今夜山風的味道

輕輕的、輕輕的
踮起腳尖
目視這座山
慢慢的，慢慢的
接近撫摸
感受
山的溫度、熱度、斜度和溼度
遊移在山間水湄
無言中與山進行著心靈對話

是什麼因緣？
禁錮千百年的囚徒
突穿獄卒的管控
成為一岳之山主
在這山腳下交會
與妳一親芳澤
拂妳流線的山形
掀起妳的裙襬，牽起妳的小手
青草山脈鋪陳溫馨的場面
小溪夜鶯奏起情歌
山風為酒，花香為蜜
今夜的星月山水全都醉了

尋找一座山
要實證一個前世的約定

要實踐一個天命中的山中傳奇
那是午夜的蜜約
就在今夜
山色山風都叫人心醉的時候
聽妳傾訴等待千百年的相思
一不小心
氾濫了一整夜
把山色山風也淹沒
淹沒了陽光
今夜的約定
眾星見證
山邊樹梢悄悄地
拱起一輪明月
枕邊伴妳
輕聲細語

感受妳
新生代造山運動的韻律
找到這樣的山
絕不能放手
今夜我決心在妳的山腰秘湖
再進行一回造山運動
掀起浪花，湧波似海

夜之春秋大業進行曲

人類歷史文化的創造
宇宙繼起之生命，來自一個
夜
夜之春秋大業
萬歲萬歲萬萬歲
囚徒因追尋、擁有
夜
而昇華成主人

黯黮沈靜的夜裡

進行一件傳承先人的
聖職
半夢半醒的半夜
我單獨在享受一隻
會扭動的珍饈，品名叫
皺羊，我退化成一隻獅子
時間是一隻會跑的羊——
她跑起來了，驟然
海水直立成一支擎天之柱
山倒下成一個跳動的玩具
白雲滾翻洶湧如黃河浪
額頭溢溢成長江急流
此時，天地統一成
一人
一個人在逐漸轉化中

兩隻猙獰的野獸
統治一座山
午夜荒林中狂奔
千年巨樹頃刻倒塌
天雨灑落
潑濺一片濃密的熱帶雨林
我從雪白色的流線型山坡滑落
跌進鴻水淵藪之中
祇見花非花，霧非霧
我放棄山主的身份
獸非獸，人非人
初如瘋狗，後如死蛇
四輪明月划著懶洋洋的方舟
天地之間
已然兩人

夜滿意的說：汝子可教也

時間向來都是不甘寂寞的星星之火
瞬間燎原
整座山很快升高溫度
冰河也燃燒
燒醒了夢境
成一團初生的星雲
彷佛是妳——她
飛濺四散的秀髮
震驚了天庭的玉帝，下令要收回午夜
我在下面冷笑
夜，乃我完成春秋大業之戰略夥伴
歸我所有
我的夢長生不老

死守著每一個夜
我們又從退化的方向進化成野獸
兩匹獸完成融合和統一
不知道這是第幾回合了
午夜時
在彩色毛毯上翩翩其羽
忽而泛舟在黝暗的湖濱，傾訴、低語
一顰一笑，至柔如水
忽而如一座花園，散發芳香
各以無言傳送密語
如兩軍戰前的冷靜
山雨欲來風滿樓
四周景物在運轉、變化、暈眩、迴旋……
雙方同時發起攻勢

這並非最後一場決戰
夜夜都是春秋大業
主戰場
囚徒完成自我實現的舞台
山河江水在夜之眼前展演
夜之進行曲
江水滹滽，雨從天上來
海洋暴漲，洪濤巨浪起
又是午夜
戰事拉鋸成兩山重疊
戰後清理，雙方無損失
這是雙贏的戰事
只把淨土浸淫成一灘泥濘
和平鐘聲響起
羊又入睡，獅子是少眠動物

靜聽著對方寂寞之聲
乾者乃穹蒼，包容了無數無言的回憶
坤者乃大地，藏埋著一切可能的生機
當我問及乾坤之後又如何？
大家都說這是世間最寶貴的寵物
千百世難得的奇緣
夜所創造的
春秋大業

夜
張開臂膀
暗黑叢林又建構一座春秋大業的舞台
靜靜的，把妳緊抱在我密實的蒼穹
月，從林葉間覬覦窺視
颼颼……颼颼……

是因緣的呼聲
還是夜風打翻了醋瓶子
休管他，休管他外界的閒事
只管追尋你的大夢
完成大業

咬著蜜桃
擁抱美夢
啓動一艘多情的方舟
緊緊的，妳在我粼粼的流波裡沐浴
夜，是那麼聽話乖巧
颯颯……颯……
定是夜夜的贊嘆
何樣的因緣讓囚徒有機會
實踐他的春秋大業？

月老也嫉妒他們的春宵情話

突破、脫困、越獄
追尋天命因緣的蹤跡
這是何年何月？何樣光景？
前世構築好的一條路
才註定妳我夜夜都醉
這是天命旅程的最後一夜嗎？
最後一夜我們還是不想當人
讓我們最後一醉吧！
月影，在舞榭搖曳
晚風，來搔首弄姿
是酒後的鬱卒和寂寞難熬
來吧！吹我的風笛
今夜，窗外椰影相伴

有我、有妳
創作人世間的傳奇故事
月靜默、嬌羞
妳醉的深深無語
我不想吵醒妳
妳醒或不醒都無所謂
因緣之路上我們總會有些飄雲細雨
引妳我履行天命中的春秋大業

相約在春天

相約在春天
尋妳千百年
那夜，妳是那麼的希臘
早春的窗
望出一景寒意
稀稀疏疏的梅，祇有
露水
滋潤的青葉欲滴
卻還不見百花爭艷的山景
那夜，百花如酒

妳是那瓶最香最純的紅葡萄酒
有妳，就把這裡渲染成
春城無處不飛花
映了妳燕脂腮紅
唇唇相印
那夜，妳蕩漾的笑顏
氾濫了一山紅花綠葉
分泌出一泓春水放恣
整夜是一谷沆溶的水聲
追尋千載的春天
春日之約
在有雨輕霧的早晨
一株鮮紅的睡蓮醒了
春風愛撫
好讓春暖更映紅，紅了妳兩頰的

紅海

相約在春天
那夜，愛俏的妳
引得滿山春花
都花枝招展，招風引蝶
整山春酒，多情的酒店
妳一不小心就醉成
一隻沉睡的蝴蝶
我一捏
狡黠的春色在窗外偷窺
偷窺一個春天
無言的結果
相約的春天曾經啓動一座死火山
又活了起來

如今又成死火山
百花和水聲不告而別
只得把愛昇華到哲學家的高度
沈思
也是一種愛
身為囚徒也該滿足

為追尋一個春天
我歷經千山萬水
有一回我向夏秋冬說出
活火山快速變成死火山的故事
大家都不相信
說絕不可能
自然界沒有這種道理
春天一定仍潛藏在你心中

待春暖花開你要喚醒她
不久果然春天來了
我們曾經相約的春天
你看啊
不是神話
死寂的大地，一片綠油油生機
到處充滿旺盛的生命力
囚徒又成主人
火山又活了

我追尋，我只要春天
春天的情話是開悟的鐘聲
春天重啓我微弱的生命力
滋養一座貧脊的叢林
春天，妳是愛的代言人

凡失去的
春風吹又生
百花爭艷的伸展台
看得萬物心跳
示愛的花草
失去的和未失去的
都重新詮釋愛情的豐腴土壤
春天，有妳真好
我們相約在春天

相約在春天
每一回
妳的粧扮總是那麼的春天
一頭烏溜溜的秀髮
活像春天一朵雲

春神總是住在妳眼睛裡
笑容藏有秘密
卻也不難解讀
妳是我生命的春天

這是最後一個春夜嗎？
微風與夜漫舞
天籟之音輕歌
管他長夜有多黑
管他春天何時會消逝
千山萬水的追尋
相約這春夜
愛戀的時刻
如夢如幻
讓有情人把一方小小天地

編織成理想國
這一夜，屬於我們的
在春之情動中沐浴
在夜之柔色裡交融
擁妳入夢
人生才得以真善美詮釋

一個春天溜走了
我心中的春天依然如故
四季因有妳而美麗
生活因有妳而滿足
人生因有妳而無惑
只是我們依然追尋
期待
相約在春天

緣・夢・情

囚徒的天地
在犬馬管控
粗茶淡飯
清心寡欲
不食人間煙火
那年越獄
偶然碰到妳
開葷了
那夜，大塊吃肉，小口飲酒
澈悟

妳是我的人間煙火
不吃不行

沉睡的囚徒
因先天不良，後天不足
昏迷千年
渾渾爾，噩噩爾
懵懵懂懂
妳一出現，以
色香味對我進行
啓蒙運動
才幾夜
進行著造山運動
驚蟄、進化、頓悟、昇華
人生開展出

一幅絕美的風景

人生的河海
如何渡？
我乘妳
渡到不惑的彼岸
若不乘妳
河海無岸
浪花惑惑

尋妳千百年
越過重重高牆
何樣因緣？
初見妳
驀然

夜空
就飄出一朵彩蝶
引誘眼睛
偶然
林間
飛出一雙明眸
敲擊心海
漣漪・燦然
一顆心驚鴻，七上八下
妳，溫柔如春
初見恨晚
嘆！
擁有一朵花勝過一座花園
這是夢嗎？

就在那煙雨斜陽的午後
妳像一陣清風
輕輕的，輕輕的
靜悄悄地隱入我心房
為我打開一扇啓蒙之窗
我為妳注滿一泓涓流
四周有蝶舞、花語、草香和溫泉
頌揚這如夢的情愛
思惹情牽的午夜
空氣中散發著蜜語密碼
燕子已在枕邊綿綿細語
不久睡成一朵盛開綻放的睡蓮
髮香雲雨撒落在我胸膛
天地結合機制緩慢啓動
水流、瀫冽

浸淫、洩洪，氾濫了一整夜
而妳
湧姿泫泫，水聲淙淙
有如仙女飄然睡姿
一夜如夢
日出便是夕陽
短暫的情緣
實踐妳我生命的傳奇

傳奇的人間伊甸園
有生之年，最有意義的耕耘
是妳這座田園
妳是一塊上選水田
我們的日子總有香瓜或百香果
終日香香的

風也香香的
夢也香香的
千載難有的情緣
偶爾有些檸檬酸也無所謂
妳愛香蕉的香
散發著迷死人的迷魂香
不論淺嘗或深含
都百吃不厭
我用生命耕耘妳的寶地

這一份情
迷航千年，如今
初轉世的彩蝶
一佇足就依偎在
花的唇瓣

吸吮著濃情蜜意
才終於撫慰等待千年的
戀情
解放禁錮囚徒一生的
枷鎖
這一刻我彷彿在星空愛河中
裸泳
下一刻，泳到無人的水草小徑邊
在大自然的懷裡
擁妳入夢
親吻千載名花唇瓣
吻吮精津花蜜
兩顆心澎湃
那情意活力如同前世的溫度
今後，我願是妳窗前的明月
夜夜看妳入眠

野，就是愛野花

越獄
突破了一切牆
揚棄文明
世界回歸荒野
野，就是愛野
有野真好
我發現
沒有監獄真好
人越來越野
大家野

尤其愛野花
為什麼大家喜歡花野
千方百計，不計代價
就是愛　野花
花野
她，不矜持
不作做
她，不用人工和化粧來欺騙眾生的眼睛
還有，野花隨遇而安
她，不用名牌
她，不燒錢
幫你省錢啦

野花就是野
她能野、敢野、能花、敢花

她有水，水流無盡
在所有野花中，我看到這株
最野，最有本錢野
啊，凡是野的
最自然、最真實、最純誠
我就愛妳這株野花
妳說妳生生世世就愛當野花
我說我生生世世愛野花
妳轉世在荒野
荒野為一生的家園
家的坪數無限大
光是後花園就比神州大地更寬廣
最重要的
在野的世界，一切皆野
沒有圍牆、沒有獄卒、沒有情治監視

更沒有女典獄長

就愛野花
不論長短貧富
能野就是福
能野就是自由、自在、王道
能野就是包容，包容你所要的一切
晴天，向太陽借光
陰天，乘雲去漂流
有風，在風中搖曳生姿
生生世世就當野花
花，野
野，能種出詩
詩漾的花野
野花漾詩

有時看到不一樣的花
名花固然有小宮殿可住
享受榮華富貴
有丫環帥哥侍候

但天下沒有白吃的午餐
妳得付出更多
每天要打扮得光鮮麗亮
取悅眾人
妳也失去了自由
妳四周會有圍牆、獄卒、典獄長
妳可能成為囚徒
每天要和達官要人應酬
失去純真本性

還有一些專家企圖改變妳的基因
進行異種交配栽培
聲稱可以生出更優良品種

我寧願成為一株野花
種子隨風
飄成一個自由的背包客
飄走世界各地
隨緣找一處荒野落腳
在荒野生根，成家立業
生兒育女也不限制他們發展
全世界的荒野大地是我兒孫的舞台
全宇宙的虛空是孩子們塗鴉的畫布
我是主人
我完全真誠

我過的瀟灑
我來去自如
我明心見性

我願永遠是一株野花
野草、野蠻、野人都無所謂
反正永遠在野
餐風飲露滋養我的野性
閒雲野鶴隨興生活
擷一片彩雲做衣裳是我的美麗
邀幾隻小鳥來做客是我真誠的友誼
能野真好
野，就是愛野花

尋妳，妳在那裡？

掙脫重重枷鎖
千山萬水
尋找
一個妳
絮花為何遠揚？
落葉為何歸根？
是有一條不斷的緣線
牽著妳

我們在前世的某個夕陽吻別

時空一直趕路
把妳我趕向何方？
我循著緣線方向
經千山萬水
追尋
今夜，兩個相許的靈魂
是否相遇？
緣線永不斷
我永不放手
我願意等

如果
我是被佛祖壓在五指山下的老孫
妳定是唐三藏
等妳五百年

定要等到妳
命中註定的情緣
只是、只是
何時種下的因？
不論何時？我願等，等下去
在夜空、荒山、冷風、日以繼夜
等、看、找
等妳走近，傾聽妳的腳步聲
聽妳心房的激動
牽起情愛的手
若等不到妳
這世界將永無開封之日
為什麼會是妳？
何處尋妳？

為什麼和妳有約？
在每個夜晚，夜風傳情
妳姍姍來遲
遠處、林邊，一個淡然的夢影
我知道是妳
睡蓮的芳香是一種約定
妳的溫熱流進我的海洋
海天交融心靈的約會
於焉完成
啊！為什麼會是妳？
妳存在或不存在？
只能戲弄如夢的人生
恨不得就在這夜裡
緊緊擁抱纏成一株
永恆站立的樹

紅花綠葉同體

千百回清醒又沉睡
追尋
核心到邊陲
只見驚鴻
回眸的一道波光
如春的季節
彩蝶飛舞
入夢
與花瓣　接吻
每次回眸都是那道
晨星熹微
就能粧扮每個
瀲灩的春景

瀾漫在山明水秀的心田
妳是彩蝶，我是紅花綠葉
妳是晨光，我是那適宜戀愛的季節
妳搞垮天下，我亦不怪妳
妳是陽光，我是能承擔讓妳
灑野的
大地

尋妳，妳在那裡？
我從千年沉睡中清醒過來
打撈記憶的黑盒子
解讀那些也在睡夢中的密碼
妳曾經是一團火
在我的唇上點燃熊熊烈焰
照亮心空

在我心頭誘動沉睡很久的死火山
睡間爆發
改變四周一切景物
四射的熱力
散發在一個宇宙間
啊！這是那個世代？
原來
我們曾經是一團火
尋妳
把這一團火找回來

尋妳
為論證一個糾纏在妳我之間的命題
檢驗
孌幸一條魚

是怎樣的情境和過程？
妳我一再實證
仍未得出最後的真理
我們不得不 再尋找
再約定、重新假設
再實踐
緊緊纏抱著一條
色香味具全的魚
她活潑亂跳，充滿旺盛的生命力
卻那裡掙脫得掉
任何魚種都能被馴化成
一隻姝麗寵物
而且是世界上最珍貴的寵物
檢驗生物間的糾纏
是一種共生行為

各取所需

相互梳理毛皮
各自飽餐一頓後
也許退化成獸
可能進化成人
或重啓戰端

都企圖把對方馴化成獨愛的寵物
或另外再檢驗一個
尚未實證的命題
就看機緣吧

此刻，尋找彼此的兩隻獸
乘著黑夜的掩護
緩緩扭捏、擺動
褪去一層層偽裝的毛皮
血，如江河般湧浪

水，在火中交融
兩座火山在胸口同時噴火
是誰在孿幸誰？
誰都希望永遠是一條魚
或一隻獸
就是不要成為人
這才是尋尋覓覓
尋妳
要論證的命題

尋找，存在或不存在的夢之味

牆 的
外邊 還有
大牆 的
外邊 還有
巨牆 的
外邊 還有
厚牆 的
外圍 還有

突穿 再

突穿
突破重圍
尋找，存在或不存在的珍寶
夢之味

月的暗淡如夢　容顏
灰白
我追尋夢的腳印
走向夜夜的荒山
整座山都是孤寂的
黑夜開出誘人的玫瑰花香，夢之味
入侵我的靈肉
我毫無抗拒的能耐
只能隨自然法則在夜之聖壇演出
夜是一枝禪宗巨棒

夯破我腦袋
開出夢花，夢之味四溢
我知道，佔領她整片錦秀的山河大地
完成統一大業
我才能以免簽證、免報備
進出她最神秘的疆域
從此醉生夢死
嘗夢之味
任何邏輯實證所不能檢驗
她的愛意
歷史上從未被證明存在過
因為不能言說論證傳達
我只追尋天命
對一朵花微笑
在夜之聖壇

相互捕捉獵物
妳的心靈悸動
我的魂魄顫抖
此時的世界一片漆黑
沒有人類
只有類人
生命如此孤單，如此冷漠
進化從頭起步

我築一座象牙塔
建構自己的宇宙論
重構宇宙新秩序
劃一個天大的餅
充實靈魂的飢餓
孤獨在深淵中築巢成長壯大

暈眩
我不猶豫
堅持推翻那些不存在夢之味的八卦口水
使之存在
而示現　在我眼前
好在妳的胸膛吸取生命之泉源
解渴、解飢、解饞
我清楚，沒有奇蹟
只有想像王國中的愛之味
啓蒙我的靈魂
把一種愛灌溉給一隻涸魚
啊！涸魚之愛
是蔚藍一片金色陽光
綻放的夜開出明媚的花
感覺生命，有再進化的動力

將一座輝煌的象牙塔
解構、解放

我們的愛
在永夜翻雲覆雨
永夜是實踐愛的機會
白天的不存在者是夜裡的存在
床的世界有火光
我的房是山頂洞人的洞
有光、白色、灼熱的
燃燒的心
正面看到似太陽的玫瑰
在夜黑裡，伴我
只有床才感覺存在的
不存在的，已遠離

妳睡得如此深沉
以致我拒絕星星月亮太陽來探視
實際上是我反對主權可以分割
妳的主權
我要獨享
保持湖水的絕對寧靜
確保潟湖領域的絕對私有
屬於我
為實踐一個夢
嘗夢之味
這夜交歡後
妳竟生下一顆蛋蛋
用來擄我
擄我者，夢之味
到底是誰擄走了誰？

妳的胸膛現在是一座火爐吧！
紅色火花鏘鏘迸出
照亮一個千載之夢境
妳的名字
輕柔如雪飄
才使妳我的回眸
有電光交錯在悲傷的原野
生命瞬間從童稚跨入耄耋
夜黑飄落在茫茫的方舟
我的追尋永無止境
孤獨早已在我體內長成一株巨樹
成林成森
血液沖出皮膚構築的圍牆
還是循一種味的方向追蹤
除了永恆的尋找

別無所愛

尋妳
我的魂游走於三界二十八重天
尋一種夢之味
我不時
閉上雙眼
讓夢　在床頭以獸的姿勢進行
啓示
無奈，千里追蹤夢之味的大業
都碎成破鏡反射的
影
而妳，比影更幻
比風更風
所有追尋的足跡

都船過水無痕
我被一個漣漪沖擊打倒
我在命運的大海裡
掙扎、滅頂
在夢裡相擁而泣
有些關於
來世的約定或遺言
只會投胎給星際
在很遠的銀河茫空
尋夢、嘗味
我努力邁出每一段追尋的第一步階梯
生命依然堅定
一切都將歸於沉寂
歸入迷失
再重新啓航

必能找到追蹤的正確方向
因著夢之味的引導

尋找妳的味
天天陶醉
一條漂泊的船
永不入港
找不到可以入港的嘴巴
等不到回眸一笑的機會
我百思不解
鐵定是造物者在絕高之境
撒網
網住兩隻獸
我們都是潺潺流水溪邊的
一雙鳥聲，在藍空聽聞天籟

陶醉自己
戰事已遠
只能在幻夢中擁抱
思考
兩隻獸為何只能在夜暗中糾纏
糾纏下去，都不願進化成人
貪婪的獸眼，在光與影
梳理皮毛
彷彿夢燃燒後留下的灰燼
又復活的火焰
火為何始終不滅？
滅了又燃
且星火燎原
妳我的靈魂快速升溫
又有一回，我見妳秋水深處眸神

以致命引力吸納懾我
我無懼

無懼、戀棧
靈魂醒來，溪河逆流
海洋逆轉
柳岸花明又一世
尋人啓示以3D列印公告天下
我的情境隱匿，如游走銀河幽暗角落
不死心
尋求一夜間的統一
在床的空間
展示妳玫瑰花的容顏
我退化
至毫無抵抗力的進行

解放運動
是被妳解放的
恍惚之間，我又穿過一道厚牆
穿過　牆外
重重突圍
靈肉在旅程上燃燒
在神昏顛倒中糾纏
只為尋妳
生生世世尋妳
嘗　夢之味

第四章　五濁惡世

啊！這個鬼世界誰來管管

高層

得了綠色胎毒心魔病狂症，群醫束手無策

每日痰喘，從高處吐出毒痰

落在人民嘴裡

有些落在地上

政客和成群豢養的乖狗狗爭相嘗舔

有的吃上癮了

變色的叢林

當我逃出女典獄長管控的監獄
找尋天命的過程中
過了一段自由自在的好時光
卻也有驚人的發現
發現
這世界變了
撤底的、快速的
量變、質變

一座綠油油，水噹噹的美麗叢林

有小貓叫、小狗跳，蝴蝶飛舞
魚兒在溪邊浣花戲水
一夜間，頓然變成
黑森林
許多牲畜都說沒看見
只有蝴蝶最有感覺
只有蝴蝶知道綠林變成黑森林的秘密
原來綠林物腐蟲生
從土壤底層深心就開始變黑
黑水，從人慾橫流的臭水溝裡流出
濁黑汁液
生物便從根部開始腐爛
惡毒向上發展
高層，不斷有惡臭腐敗傳出
從屍的穴中

從權力的慾海中
沒幾年，一座綠油油的叢林
頓然變成黑森林
縱使有藍天白雲能奈何？

三更半夜我煩得睡不著
到公園數羊
一隻羊、兩隻羊、三隻羊……
零零星星
只見綠林深處
群狼蹤影
天亮了
到街上走走
一隻虎、兩隻虎、三隻虎……
虎虎生風

成群結隊
滿街虎狼犬類
小白兔躲得遠遠的
往上看
一條蛇、兩條蛇、三條蛇……
蛇蠍成團
一隻鼠、兩隻鼠、三隻鼠……
盡是鼠輩
蛇鼠橫行
小心
蛇口蜂針
蛇兔聯盟
蛇吞象
向下深探
整座叢林全都變了色

觀察這座叢林
溫度也在不斷升高
高層，烏煙瘴氣
有炭酸瓦斯，自七孔
冒泡、冒火
叢林四周，佈滿即將引燃的炸藥
綠色角落，藏有準備引爆的炸彈
蛇頭，焚掠眾牲
更多的爬蟲類、獸類
看得我心驚膽跳齒寒
那州官，還放火燒山
而小民，以自焚向眾生警示
整座叢林從年頭燒到年尾
各大山頭，樹起

烽煙、築烽火臺
鼠輩、爬蟲類、獸類
紛紛揚其狼子野心，以狼心狗肺
架材薪
焚燒了整座叢林
狼煙又四起
燒、燒、燒，一波一波的燒
燒掉了藍天白雲
把綠油油的叢林燒得
剩下灰燼
深夜，另一把秘密之火在黑盒子中
悶燒、悶燒
風聲中開始感受到火苗溫度快速上升
有殺氣竄鼻
要焚書坑儒

書者，經史子集
儒者，儒墨道法
無一幸免
燃燒吧！叢林！
沉淪吧！綠島！

病入膏肓的瘋癌叢林

這是一座何樣的叢林？
癌症末期！病入膏肓！
怎麼那些人完全退化
退化，回到類人
或已妖魔化？
可能是妖魔附身在叢林中的每一物種？
我深入觀察、理解

螳螂怒其臂挑戰大公雞
以自己肉身給公雞當下午茶的小點心

絕不會拖眾生下水
一起送死
孤狸使詐
也絕不可能啓動一個機制
欺騙人民
萬獸之王能稱王
也是用公正、公平、公開、實力
拿取天下
不會偷偷摸摸
耗子再聰明也頂多
偷吃幾斤米糧
不會設計偷走國寶
叢林本來好好的，綠油油的
眾生在一座公正、公平、公開的平台上
爭食

叢林是誠實的，不會無中生有
叢林是實在的，不會虛偽造假
但，現在
叢林到底怎麼了？
兩顆子彈瓦解了叢林法則
叢林啊！一病不起
病入膏肓

人形畜牲以不法手段奪取大位後
蛇頭和妖魔躲在固若金湯的透明巢穴
怕遭受天譴
巢穴外有鼠輩畜牲搖旗吶喊
不久，抱頭鼠竄，落荒四散
嚇成一幅牛頭馬面的慘景
天譴啊！

妖魔叢林，叢林妖魔化
毒虎食子，兔死狗烹
此刻，蛇頭和群魔正把
作票、作假、作弊、貪污、腐化、竊偷得來
人民血汗鮮肉
乃至腐屍，當成
龍肝豹胎，大塊朵頤
下面，以及下面的下面
大群人蛇、馬蟥、沙豬、走狗、禿鷹、肥貓……
還有變色龍、現代恐龍、人形蜥……
牛鬼蛇神
種種牲畜禽獸……
有形無形妖魔鬼類
爭相搶食碎屑肉品，進而
相互撕殺，爭奪地盤

別小看那一群魑魅魍魎
鬼蜮技倆已達到鬼斧神工的水平
因而整垮了一座叢林
使得整座叢林病入膏肓
邪魔治國，惡道當家

才幾年
官場上多的是羊癲瘋，羊皮豺狼
蛇頭與妖魔鬼類等狼狽姦究
妖魔鬼類攀附蛇頭吸取權力陰道
噴射出來的養料維生
蛇頭則利用妖魔鬼類嚇弄眾生

說穿了
羊質虎皮，耍一陣猴戲
等到麒麟龍鳳拿出殺手鐗
殺雞警猴

還不是雞飛狗跳，落荒而逃
或到無間地獄反省思過
只是苦了眾生啊！

少數清高的小綿羊、羚羊等類
那敢造次
聚眾百萬
也不過是很多咩咩叫的合音
其浪漫者
逃至邊陲，羚羊挂角
獨善其身者
躲進犬儒學派的小別野中吹冷氣
過著富裕而驚怖的豬仔生活
任由整座叢林腐化、惡化、妖魔化
成為瘋癲的癌症末期病患

而當清風明月的夜晚
杯酒高歌，口中依然念念有詞：
「風聲雨聲讀書聲，聲聲入耳；
　國事家事天下事，事事關心」
整座叢林的生老病死
終於成為蛇頭與群魔的歡樂舞台
讓癌細胞擴散到叢林的全部領域

腥臭味
自叢林高層一波波
傾洩倒下
人民的眼睛被高層倒下的癌細胞攻佔
再也雪亮不起來
人民的頭腦被許多思想癌毒化
從此失去了判斷力

眾生被腥臭如屍水
淹漬成一具具木乃伊
整座叢材，終於
被關在環島的癌症病房中
沉淪、等死

錯亂的叢林

西方鷹犬鴟鵂，日夜在環島叢林的上空
盤旋
眾目睽睽，鳥瞰大地一切可以食用的生物
或隨機捕捉到霉的弱肉
嘴爪鋭利，隨時準備捕食任何新鮮肉品
全身佈滿聲光溫熱的
全自動導向追蹤探測器
足以全面掌控
島上所有生物的思想、行為和行蹤
而大約此時

東方獅王一睡五百年，大夢初醒
就驚動群獅
驚嚇西方鷹犬
大地為之撼搖
地球改變了原來轉速
地殼向東傾斜
面對鷹瞵鶚視，獅王號召各族團結
龍鳳麒麟群獅及各弱小族群
共成一個東方集團

小島上的鼠輩走狗鬼類等
雖然吃飽喝足人民的血肉
卻也一時慌了手腳，不知如何應付
西方鷹犬規定要按時去朝貢
獻上最好肉品

獅群虎視，嚴厲警告
膽敢向西方靠近半步
拿你殺雞警猴

慌慌慌、徨徨徨、晃晃晃
蛇頭和身邊的豬八戒拿不定主意
在廟在上，充斥著鴨霸、走狗、鼠輩和狡兔
在遍地裡，滿街狼犬，豺狼當道
靠著這座叢林混日子
有水的地方
到處人蛇、馬夫或海蟑螂
自以為可以混的
不過是做牛做馬，狗都不如
絕大多數混不下去的
都想起來造反，或革命

蛇頭為穩住局面
安撫群魔鼠輩的狼心狗肺
只好釋出一個天大的餅
說獨立以後個個是國王
餅裡包著搖頭丸、迷幻藥或速死康等餡
結果
打開貪狼的心
誘惑巨蛇的胃口
結果、結果
叢林更錯亂了
環島叢林都不知道「我是誰?」
連祖宗八代全忘了
叢林全都損龜了

文明的小島,重回洪荒!

有氣的，行屍走肉，到處魚肉或賣肉賺錢
沒氣的，魑魅魍魎，到處裝神或弄鬼騙錢
鼠竊大位的蛇頭，露出才創作不久的
鮪魚肚
在吃飽飯的午後，帶著牲畜禽獸鬼類等
走出　天牢
放風
眼看著一座即將塌陷的叢林

你絕不相信
明明不久前才艷陽高照
藍天白雲
稱四小龍之首
為什麼來的這麼快？
叢林整個發瘋了，錯亂了！

即將就要塌陷了！
為什麼？
起初有一種胎毒在緣林快速擴散
毒化一群類人物種
牠們有如異形般繁殖
真是太快了
鼠輩快速變虎狼
妖魔異形成群，鬼鬼祟祟，鬼頭鬼腦
鐵定幹不出什麼好事
住陰宅、走陰道、幹陰險、使陰惡
美麗之島朦上一層層
厚厚的陰影
陰影之重
竟要壓垮一座叢林，讓這座叢林
得了腦部病變、心智錯亂、精神分裂

外加癌症及多種不明不治之症
那些鼠輩妖魔揚其陰毒的心
作假、作弊、作亂、栽贓、横陷、設計
盜竊國寶

叢林真的很快變質錯亂了
黑市、黑心、黑水、黑錢、黑幕……
一切交易
盡在地下進行
就算是大白天
還是感覺到處黑漆漆、陰黝黝

任誰都不相信、亦不解
曾幾何時的艷陽天
綠油油的青山大地、藍色晴空

怎麼說變就變？
滿街鼠輩、狼群、走狗
人類都退化成類人
或隱形蜥、人形鱷等異形物種
看到牠們的吃相，我心驚齒寒
難怪叢林會錯亂！
穿著民主進步的彩衣
裡面全是黑的、爛的
黑心肝、黑心腸、像一種黑死病
在權力慾海中浮浮沉沉
自爽、滿足
導至塌陷前的叢林在搖搖欲墜
仍吹著一陣陣腥臭帶有胎毒的毒風
毒化了更多物種
真是小島叢林之浩劫啊！

白道自身不保，大家上行下效
白吃、白喝、白嫖、白拿
反正一切都白幹了
州官任意縱火
一群類人以太陽花的高溫焚燒民主殿堂
宣稱，以民主進步之名
可以燒殺擄掠搶姦盜竊騙賴或硬拗
反正，高層大頭目幹的也是這一行
看啊！美麗之島重回黑暗時代
現在天空變黑，大地變黑
叢林發瘋、錯亂
黑白交媾糾纏，相互取爽逞慾
上下交爭狼狽，各取所需取利
這一切的黑、亂、罪

源自一種流傳很久的胎毒
擴散在綠林中
又毒化了叢林中各物種
胎毒又不斷異化繁殖
造成美麗之島質變
獸化、腐化、惡化、妖魔化
成群結黨的人形野獸牲畜
竊取國寶、綁架眾生、謀奪大位
整垮了叢林
叢林即將失序、解體、塌陷、毀滅
眾生正準備四散逃命

綠色異形——物種演化浩劫

在一個南蠻小島上
原有的華夏文明失落後
氣候出現失常的詭異
四季盡是蠻煙瘴雨
各物種進行恆久不休的蠻觸之爭
終於導至
綠色異形
這是物種演化的大浩劫啊

一株小小的綠豆芽

因以綠色之名
一夜間翻身
就在廟堂之上成國之棟樑
這是「演化特區」嗎？
或是詭異的新農業品種改良？
才不過一點風風雨雨吧
就廟毀國亡
一隻綠頭鴨
經鼠輩設計
竟能在短期間極快速演化
變成一隻綠鳳凰
在高處人五人六，以如豬的吃相
騎在人民頭上，灑尿
人民在水火中，灑淚
整個綠色異形叢林的蛇頭妖魔鬼類

竟把眾生當
肥羊
一隻一隻、一塊一塊、一刀一刀
宰殺、宰殺……
吃肉、喝血

綠色異形何處來？
當然牠也是地球物種變態之一
一種四百年前胎毒的異化
並非什麼天外飛來那般瞎說
說白了還是龍的傳人之變種
牠們因自宮了祖宗的血緣關係
切斷了自己的文化命脈
因而本質上產生詭變
自然就演化出如同異形般

變種、異種或雜交種
有叫異形亞種
或稱綠色人馬
這是「類人」的一種
依然是黃皮膚，流著炎黃的血
眼珠子也是黝黑的，卻都有綠內瘴
其他人形器官都俱備
但其思想、行為、心理
已如同異形之可怕
這種綠色異形胎毒擴散很快
成為叢林浩劫
也是物種演化的大浩劫

在這裡，風花雪月必需是綠色的
詩歌藝文必需是綠色的

花草樹木必需是綠色的
一切非綠色花種
必需全身改著綠裝、開綠花、說綠話
綠色，代表生活、生命和權力
還有交配權
因此只要綠色
其他顏色必需打倒、割喉、消滅
永無休止啓動滅絕非綠色文明、文化
確保綠色的絕對全勝
只管輸贏
海，任他淹沒大地吧
山，任他倒下掩埋眾生吧
眾生都入土為安
是綠色最後的勝利
綠色，只要贏

贏得叢林，綠化叢林
踐踏叢林
大地，本來就是讓人踐踏的
踏平天下
天下綠化
只有流血、只有殺戮、只有權力
才能展演綠色演化舞台
只有綠色是真的、存在的
其他，假的，不存在的

自從小島上的綠色異形文明獲得全面勝利
綠色人馬掌控叢林所有物種的生殺大權
依風聲可入人於罪
看影子便能捕人關入大牢
用口水治山防洪

結果是山河變色，土石奔流
子民奔離
靠顏色決定生死
只要是綠色的
綠豆芽也能成當朝棟樑
結果可想而知
一點風、一點雨，就屋毀人亡
那些綠色異形才不管呢！
能吃盡量吃，能喝盡量喝
能拿能搬能偷的，使出九牛之力幹啊
因為牠們也知道
叢林支持不久，宿主即將滅亡
看牠們的狼狽吃相
我為小島眾生悲哀啊！
看啊！綠色異形毀滅一座叢林

綠色人馬組成的綠林
使「禍而謀弒」成為世界第一大「綠島」
綠營不軌，綁架全民
綠營沉淪，帶來物種演化浩劫
綠色異形在全島擴散、繁殖
這到底是天譴！
抑或人禍？

綠色異形的綠色理論

自從綠色異形吃下整座叢林
很快建立了物種演化歷史上獨一無二
最邪惡邪毒的綠色帝國
發展出綠色類人的建國哲學思想
綠色帝國有所謂的「人事考核制度標準」
從中央到地方，形成嚴密的金字塔結構
部長級以上、縣市首長，必需是純綠的
純綠者，絕對綠、死忠綠色也
中階層者，必需深綠
下層領導管理者，至少要淺綠

至於國安、警政情治、檢調、司法等
更非深綠不可
經由綠色立法
未來以是否綠色決定人事考核的終極標準
死刑犯只要表明深綠可免死
無期徒刑可經由顏色改變改判有期徒刑
全身內外變綠，表示前途無量
解決失業、就養的關鍵點在於
你願不願意改變顏色
所以呢！
有沒有IQ？有沒有LP？是次要的
重要的是
你是什麼顏色？

這個綠色異形的邪惡帝國提出一種

空前絕後的環保與農業政策
企圖改變整座叢林的所有顏色
動用一切預算，不惜向子孫借款
因為，從天空到地面，到最深的底層
還有，從極東到極西，到南北
都必需在規定時間內
完成偉大的綠化工程
所有工程的招標、施工、驗放
要由綠色人馬負責
做好品管，大處著眼，小處著手
那些紅、黃、藍、菊、白等非綠色花草
由綠色黨部指導綠色農委會
召集國內外所有綠色專家學者技術行家
進行基因改良
以期產出最富深綠的下一代

一切都必需是綠色的
天空，絕不可以是藍色的，由空軍司令部負責綠化
大海，絕不可以是藍色的，由海軍司令部負責綠化
陸地，絕不可以是藍色的，由陸軍司令部負責綠化
勿必啓動一切綠色機制
一切非綠色植物，若不能經由基因改造變綠
必需全部剷除，焚燬其根本和種子
使其絕子、絕孫、絕種
一切非綠色動物，若不能經由基因改造變綠
必需全部焚化，毀滅其卵子和精子
使其絕子、絕孫、絕種
若有固執如石、如礦、如木頭者
斷其一切維生能源
全部逮捕，送進綠色染房或焚化爐
強制改造、重製或焚燬

總之，綠色是這個異形帝國的重要理論
綠色，是異形環保與農業的主流價值
綠色，是異形叢林的主流文化
一切非綠色的，都不該有生存權
任何不夠綠的，沒有工作權
必須夠綠，才有交配權
綠色，代表你的能源、生命及一切
綠化，是邪惡綠色帝國最偉大的工程

綠色異形的綠色理論
除用於環保、農業和人事等領域
還擴大運用到政治、經濟、物理、地緣學等方面
乃至歷史、地理、公民、自然、三角、幾何……
乃至化學、化工……
乃至社會、福利……

乃至統計、數學、熱力學……
乃至微積分、微分方程、橋樑工程……
乃至醫學、藥學、生物學、人類學……
乃至詩歌、文學、藝術、電影……
乃至一切形上學、形下學
乃至……一切的乃至……
都必需合乎綠色定律的規範
綠色，是憲法的最高指導綱領
凡一切非綠色科學，為非科學、錯誤科學
凡一切非綠色藝術，為非藝術、錯誤藝術
從此以後
綠色成為異形帝國的圖騰
生活、生存和生命權的代顏色
凡一切非綠顏色
處唯一死刑

凡一切反對綠顏色者
奪其交配權
使其斷子絕孫
啊！綠色
萬歲　萬歲　萬萬歲

遠觀綠林草莽的風向

綠色異形帝國的身體各部位器官長滿
散發惡臭的
胎毒
整顆腦袋裝著已發霉四百年
產自東寧王國的
胎毒
毒化到身體各器官
手腳盡是胎毒
難以形容的手腳
極不乾淨

而更骯髒、最齷齪的
是那口如糞坑的大嘴
骯髒就算了
可怕的是很能吃
小島上的金銀財寶鑽石瑪瑙現金美鈔……
全被吃光了
還吃人民血肉
可怕啊！可怕啊！
現在這種胎毒仍向四方流散
為免受這　種胎毒浸害
在我有限的自由自在越獄歲月中
我始終離得遠遠的
遠遠的
遠觀綠林草莽的罪惡吃相和風向
遠觀牠們走進無間地獄前的一些

迴光返照

我從高處遠遠的看
犬、狼犬、狗仔狉狉
齜牙裂嘴，狼狽相倚
獵捕風聲，捉拿影子，拼命的挖掘、挖掘
最好是私情、姦情、隱情或敵情
狼多肉少
口中咬著一塊，兩眼搜尋，兩腳拼命挖、挖……
以及禿鷹、鬼類，狡獪猖獗
張開血魔大口，露出一排排有民意支持的牙齒
聲稱有權力吃所有想吃的
多的是肉，吃不完
有時得吃的好看些，不能太明目張膽
五鬼搬運　或

乾坤大挪移
可以騙過人民的眼睛
以及那些鱷，餓魚，甲器鱗鱗
自從落得在野
張開的嘴巴一直想要吃下整個天空大地
只是一點點餅乾碎屑那裡夠吃？
相機、待機、窺機、創機、造機……
找機會出手
有著百年生存競爭的功力，一定有機會
奈何！
竟連餅乾碎屑也被搶走了

有一天，我又從高處遠觀
那些綠色異形草莽當道
以草莽治理

蘆葦茅草蕪雜紛紛竊佔凱達格蘭及周邊地區
如王、如公、如侯、如伯及如夫人等
其實都是竊賊草寇等鼠輩
專幹偷盜姦宄
那是一群來自荒山南蠻的草寇
不知孔孟何許人！
乾脆統統打入大牢終身禁錮
那一大群膿包不識經史子集為何物！
乾脆全都送到垃圾場
各地焚化爐專職「焚書坑儒」
綠林草寇階級製度也分明
一綠林二美日三台客四高沙五外勞
六藍菊七陸娘八儒士九乞丐十娼妓
而凡有竊騙國寶之特異功能者
又能效忠者，列為綠色異形帝國之上賓

小島重回蒙昧
華路藍縷創建之基業
任其蕪穢、毒化
位於凱道草寨裡的山大王和蛇蠍般的珍夫人
把持所有政務
將司法五花大綁
將監察閹割去勢
立法已被砍頭，頸子不斷在冒泡！
禮義廉恥全被丟入茅坑裡
人民是什麼東西？
一群聲稱有權吼叫的狗和走狗
犬吠，不會把山叫倒
山寨草寇崢嶸，山勢峻酷
山，依然如故

有時，我從高處遠觀風向
腥臭的風真是很詭異
綠色異形類人以其特有基因建構一門
氣象風勢控制學
任何時候能依需要、對象或目的
刮起一種風
斯風
與屁有關，風自口出
臭氣沖天，燻氣淹死人
為何臭？蓋口與肛交
惟特定對象聞之，頓時感覺通體舒暢
如坐春風
放風者更是飄飄然，很快飄到高處
是風，為一座天橋
通往高處的隱形大橋

經年累月都有這種綠色的風
到處亂刮
形成島內大海嘯
吹垮一座島
呼呼！聽啊
綠色草寇又刮起一陣風

到底發生了什麼事？

綠色異形又刮起一陣風
那風，太詭異了
也有胎毒的腥臭味
事前，一連幾天的夜裡
風聲日緊
我推開窗扉，側耳傾聽
那聲音，一連幾夜
時而呼呼，時而竊竊
肯定是一種生物所發出的聲音
在說些什麼？

保住蛇頭、保住蛇頭
沒有頭頭能幹出什麼大事？
只是、只是
那隻妖精、那隻妖精
可以惑眾的妖精
得優先把她處理掉
那天下午，砰！砰！
風聲日緊
風聲鶴唳
年頭吹到年尾
日緊的風聲也愈來愈寒冷了
直到現在，炎夏
許多人心裡還是毛毛的……
冷冷的……
到底又發生了什麼事？

一場經由鬼斧神工的佈局
瞞天過海之計
在極機密中進行
要在三月十九日點燃一把火
火，由兩顆子彈燒起
真的一把大火燒塌了藍天白雲
烽火連三月
一把一把又一把爟火連天的燒
有些在夜裡燜燒
有些在大白天燎原
有些被嚴密管控在鍋爐中
瘋火連三年
焚燬了什麼？
人證燒了

物證燒了
關鍵的影子燒了，關鍵的聲音也燒了
一切不利綠色異形的因素
全部一把火、一把火……
燒個精光
連風聲也燒了
現在，把原來
一座綠油油、水當當的
藍天、白雲，全燒了
所有人倫、道德、愛心全燒光光
燒成一堆堆
深綠色的灰燼
最後有調查機制啓動
調查那連天大火
到底燒掉了什麼？

綠色異形的各檢調雷厲風行查著
針對一堆堆的灰燼
提出一疊疊的報告
總結論說
高溫燒過的灰燼，DNA不能辨識
綠色異形帝國的憲法委員會說
風和火之起都是自然法則
無任何類人因素介入

但紙終究包不住火
綠色異形的檢調司法終於宣佈
破案了，主謀是
一個鬼魂做的案
證據顯示那天下午
他鬼鬼祟祟，鬼影幢幢，魂不附體

鐵證如山
他，是誰
還是某一個替死鬼？
許多類人和人類甚至鼠輩禽獸鬼族等
都高度懷疑蛇頭搞鬼
蛇頭和牠的三個貼身死鬼搞的鬼
這些鬼族魔頭游走於島內叢林
又不斷繁殖演化更多
魑魅魍魎、魃魈魖魋及各類異形變種
鬼族、異形當道
叢林全都毒化了
成為兩顆子彈懸案的溫床
小島的天堂成地獄，陽間變陰間
看啊！異形鬼族推磨，把人民當成驢子磨
聽啊！邪魔歪道鬼叫，把人民當成走狗使

眾生都在懷疑
誰做的案？
蛇頭肚子上的作品從何而來？
但因兩顆子彈打壞了所有人的腦袋
使這裡的人科動物全面退化
IQ降到牛的水平
EQ跌到雞的水準

啊！小島的春天回不去了
孽根禍胎
種下了胎毒，回頭無岸
孽障種子又生孽緣
願我佛慈悲，普渡眾生
令人間無鬼，超渡那被滅口的替死鬼
早成魁星

經過了很多世紀
眾生都在問：兩顆子彈從何而來？
那年三月十九日到底發生了什麼事？
蛇頭肚子上的鮪魚從何而來？
說書的、演戲的講的不一樣
直到大史學家司馬千——本肇居士
啓動陰陽兩界聯合查證工夫
才終於定調：
這是一件鼠輩鬼族聯手的作弊、作假貪案
史稱「兩顆子彈之禍」
為中國歷史上「十大醜聞」之首
春秋史官秉筆直書、批判姦邪
再往後之世，無人問起
那年三月十九日
到底發生了什麼事！

綠色異形動物誌

㈠一隻猶狗

很久以前
有倭寇竊據南蠻小島
鞭策島民，男為奴工，女為娼傭
某倭寇與娼傭發生姦情
但傳言是強姦
生下一隻綠色異形最初之孽種
該孽種後來當了綠林大頭目
後來被另一隻蛇頭欽定
稱名老猴、老蕃癲

實際上牠從小到大都是異形變種
一隻猜狗

一隻猜狗
每天獐頭鼠目，獠牙狂嗥
說要另立乾坤
有時也慈悲的，面露獰笑參加長老會議
要傳佈上帝的愛
上帝想不到，會碰上
帶有綠色胎毒最嚚頑狡猾的異形孽種
上帝也瘋狂
拒絕承認是自己的產品
島民因被綠色異形毒化
都成了一隻隻盲犬
那老蕃癲自以為可以當一隻導盲犬

成群結隊盲魈狗跟著導盲犬到處咆哮
終日游走於十字路口
賴著國家吃香喝辣，享盡榮華富貴
還找不到回家的路
悲哀啊！
旁邊尚有一群蟑螂、鼠輩、走狗等跟著起舞鼓譟
上帝、閻王都怕這隻猶狗老蕃癲
牠得以長留人間，禍害人民

但眾生自古誰無死？遲早總得見祖宗
明明木子有姓，且為神州之大者
登龍有術，輝赫一時
也算風光一世
偏偏說自己是倭人孽種
到處散佈綠色異形毒素

當一隻找不到路回家的猶狗
在十字路口打聽
「靖國神廟」的入門在那裡？
他日好安頓亡靈、遊魂

看來只有歷史和時間是公平的
五千年億萬神州子民是最後的法官
歷史正義面前猶狗無言
春秋大義面前，牠
不過是一隻姦邪猶狗
迷戀東洋右派邪魔的老蕃癲
列宗列宗詛咒的孽子
自戀於胎毒，用權力自慰射精
以取得快感的異形兼敗家子

看啊！現在，那隻猘狗
已經老得走不動路了
但嘴角流著毒沫，還能亂叫
當一隻老蕃癲老導盲犬
帶著一群大小猘狗鼠輩汪汪囂狂
小島眾生得忍受
妖言狺狺
魔影猋猋
老導盲犬，領著成群瘋犬狗仔
到處狂吠，日以繼夜
一犬吠影，百犬吠聲
從毒化的狗嘴和全身孔洞中
沖起一陣陣
毒死人的瘋狗浪
每天都有生靈被毒死

沒死的也因
犬沫四濺
得了狂犬病
猖猖猋猋
六畜感染，眾牲不安
那綠色異形高層，到處狐群狗黨
狗仗人勢
一犬成王，眾犬皆仙
一隻猜狗，領著一群盲犬
成千上萬在十字路口流浪
找不到回家的路
只好繼續流浪、流浪
成一隻隻流浪犬
猖猖猋猋，長年累月
毒化叢林

而眾生
得繼續忍受老猜狗的肆虐
再長期接受老蕃癲的折磨
一隻猜狗
牠是演化舞台上的生物異形
也是意外

綠色異形動物誌

(二)那隻駙馬副馬非馬

這隻馬也太詭異了
所有眾牲都在懷疑
牠到底是不是一隻馬
騄耳、驊騮、騏驥、赤兔等馬族祖宗
拒絕承認牠是一隻馬
駙馬副馬非馬

聽不到雄壯威武的馬蹄揚飛
看不見光明正大的行空雄姿

因為中了綠色異形胎毒
只見一顆膽
其大無外如宇宙般包天
還有一張嘴
深不可測如黑洞般
什麼都吃
靠山吃山，靠海吃海
吞山吞海
腐肉和鮮肉通吃
原來啊！這隻馬
是恐龍和禿鷹交配生產的異形馬
異形馬貴為駙馬
駙馬副馬非馬

一隻非馬感染綠色胎毒馬流感

快速禍害眾多牲畜類
導至綠色異形帝國加速崩解
牠是壓垮駱駝的最後一隻畜牲
當是時的綠色高層已經
腐化、惡化，進而妖魔化
生物中僅存微弱的善性已異化、質變
病毒擴散到整個叢林
非馬牲畜等全身心肺腦部處於
瀕死邊緣
而此刻
正在最後掙扎和劫奪
能吃的盡量吃、能撈的盡量撈
能偷的盡量偷、能搶的盡畫搶
惟消化不良，一隻非馬能吃多少？
不斷反胃和嘔吐

在一股藍色正義力量壓力下
零零星星又吐了一些出來
有些是被爆料出來的

馬流感毒素還在擴散
整體結構即將崩潰、瓦解、害怕滅亡
更恐懼春秋大義的力量
身體正在腐敗
馬流感加上綠色病毒的
唾液、嘔吐物、排泄物等毒物
灑向全民、全世界
島嶼將因此種極毒的感染而沉淪、沉淪
那些駙馬非馬及禽獸等類
仍不願依「安寧緩和醫療條例」
進行安樂死

讓牠們去吧！直墮惡道
未到奈何橋，冤鬼已來找
沒有馬流感
人間有藍天

綠色異形動物誌

(三)鱷魚、綠蠵龜和蟑螂

綠色異形帝國的許多類人等物種
在演化舞台上進行著逆向演化的演出
退化成更低等動物
也有群鼠集體進化成狼群
或其他更可怕掠食者
再例舉若干

綠色叢林高層有一種可怕的掠食者
雖為數不多

但隻隻位高權重，為所欲為
當然，最頂層只有一隻
史前大鱷魚
很久就游走於綠色叢林各角落
爬到最頂層後
一口緊緊咬住叢林裡兩千三百萬眾牲
眾牲都在鱷魚口中
掙扎
爭相逃命
這隻深綠色的史前大鱷魚
可以想吃誰就吃誰！
可以想吃什麼就吃什麼！
其他的鱷魚也極為邪惡
牠們不僅吃異類，也吃同類
可怕啊！可怕！

那些鱷魚騎在眾牲頭上，灑尿
叢林眾牲則在水火之中，灑淚
整個綠色異形的鱷魚、虎狼、走狗及鬼類等
竟把眾牲當
肥羊、肉雞
一隻一隻、一塊一塊、一刀一刀
宰殺、宰殺……

綠色異形帝國有一座南湖大山
山裡住著一隻綠蠵龜
牠們的族群在此客居已有數百年
因為牠們始終記著來自神州中原
故稱「客居」
這是不忘祖宗血派的好德性
但因部份已深受綠色異形再變種

胎毒，毒化了腦袋
而忘了祖宗血緣
就像這一隻
牠登頂後說，我獨立了
我出頭天了
我不要祖宗
我不要藍天白雲
我是一隻
最綠、最綠的
深綠色綠蠵龜
我不要陽光作用
還是綠的
我不需要祖宗血脈
也可以存活
好可怕的一副嘴臉

近看像龜婆，遠看像龜公
實際上龜頭龜腦
若不是龍生水
列祖列宗自三皇五帝來代代傳承
給牠深厚的文明和文化養料
牠那裡有今天的風光

綠色異形帝國最多的物種
大概就是一種可以快速變形又能
快速演化的蟑螂
小島氣候因受綠色異形毒化
蟑螂演化，是進化吧！
真快，八年能抵幾千萬載
一隻一隻又肥又大
像一群豬了

用人民血肉進補
不久就進化成一群群
暴龍
誰都難以相信
蟑螂會變成各種恐龍
恐怖喔！恐怖！
那些類人物種
有綠色的毛皮，血紅色的眼
破壞了進化機制
使恐龍又有貔貅的胃口
全島食物竟被搶食一空
還把剩下的藏於海外
可怕的蟑螂，快速繁殖演化
導至演化機制失控

各種變形蟑螂
如鼠、如豬、如虎狼、如鱷魚、如恐龍……
有一隻獨大獨尊的暴龍娶妻
是一隻楚楚可憐行動不便的
迅猛龍
是的，她總是一副楚楚可憐的樣子
坐在輪椅上
故意讓頭頭抱上抱下
別小看她瘦弱不便
她那貪婪的胃口大過演化史上一切物種
暴龍掌控綠色異形帝國那幾年
她倆狼狽瞞天
叢林中凡想要獲一席生存空間的眾牲
都必需呈獻財寶
若有不從者，她說

我叫推土機過來壓下去……

好可怕的變種蟑螂
接著
牠倆繁殖更多綠色暴龍
以利掌控小島全部資源
果然，牠倆使盡
五鬼搬運、移山倒海、明搶暗偷……
還把吃剩的偷偷藏在地球各角落
光是在海角就有七億
盤算從此以後
子孫可以永享榮華富貴
但是，才八年
如宇宙之初的大爆炸發生了
有一種力量啓動正義檢調機制

恐龍、豬狼和演化變形中的蟑螂鬼類等鼠輩
到處逃竄、哀鳴
已演化完成的恐龍族也難逃一亡
蟑螂雖稱有強大的生存適應力
因被綠色胎毒 毒化
中毒太深
也失去適應力，難逃滅種之命運

另一種也叫「馬」的生物開創新紀元
下令不得以人為手段和邪惡心態
刻意操弄演化機制
應在自然狀態中慢慢進化完成
從「類人」到「人類」
最少要六百萬年
公堂之上一群群吃相難看的蟑螂
有已進化成豬、成恐龍

才又一隻隻回復原形
又住回了下水道

那隻號稱廣受民意支持
帶有藍色皮毛的小馬
為完成先祖
齊家治國平天下之大業
終日
忙忙茫茫盲盲盲
身處被綠色異形毒化的叢林中
諸多殘餘綠色禽獸妖魔鬼類鼠輩等
又從地下道爬出來
不間斷對他發動致命攻擊
蟑螂亦對他採行不要臉攻勢
小馬終於只剩半條命
與綠色異形共亡了

這是什麼鬼世界？

我記得不久以前
這世界好好的，一切都在秩序中運作
豬八戒也懂得遵循
禮義廉恥
就算是一條狗
還能謹守忠誠原則
當我突破重重圍牆
逃離監獄
逃離女典獄長的管控
當我重回這個世界

一切都變質了！顛覆了！
這是什麼鬼世界？

我看到演化舞台已完全失控
出現大量新物種
是謂新生代
沒腳沒根，總是漂浮著
有腳有根的，都是軟足動物
很多是沒頭沒臉，像一群無頭蒼蠅
渾身疾病，傳播細菌
就算長一張漂亮的臉
也大多自己不要臉
真正有頭有臉的
都是沒心沒肝的東西
他們活著，只是活著、會動的

活著，什麼都不會
不會，因有人包養
活著，什麼都不懂、不動的
不懂，因有人豢養
像養在豢圉中的豬
豬，就是能吃
一種只會吃的高等新生物種
達爾文説，絕不可能
那一定是中了綠色異形毒物
沒有解藥啊！

我竟住在這樣的鬼世界
鬼世界，我還是得了解一下
否則要怎樣活下去
這世界變得極詭異

充滿各種顏色的毒物
無從理解
有一大群住火星，講火星話，用火星文
另一大群住水星，講水星話，用水星文
以及各種不同顏色、溫度、環境的
類人或人類
各星球、各世界沒有通路
我住的地方靠近水星
很冷的角落
孤零零的四周
都是擊不破、鑿不穿的堅硬冰層
陽光進不來
連聲音也都沒有任何回聲反映
欲引太陽熱度熔冰取暖
也因距離太遠

白做工

我進而觀察一切物種最重要的價值
羊跪乳、烏反哺
人類社會所謂孝道也
孝親很老了
活的很累、很苦、很沒有尊嚴
而且很重
是許多人心中的大石頭
都深恐掉下來砸到腳
孝親，只好成為流浪漢
沒人要
獨自躺在無人的角落
等死
撿取其他物種丟棄的物料充飢

為何流浪？
因為孝親已不住於窩
為何等死？
因已半死不活
想活，這鬼世界誰要接納？
想死，卻一息尚存
期待有好心的給他最後一刀
解脫
啊！孝親，你所處的世界
是何樣的世界？
孝親現在快成了孤魂野鬼
在陽界，沒有可以依住的窩
而陰界，尚未取得入境簽證
游走於陰陽兩界間的灰色地帶
前進無門、回頭無岸

苦海無邊、阿彌陀佛

啊！這個鬼世界誰來管管

高層

得了綠色胎毒心魔病狂症，群醫束手無策

每日痰喘，從高處吐出毒痰

落在人民嘴裡

有些落在地上

政客和成群豢養的乖狗狗爭相嘗舔

有的吃上癮了

更上層樓，找機會

舐痔吮癰

然後說：像吃燕窩

領導夫人吐出一糰糰綠色膿痰

成群乖狗狗搶著吃

說吃起來像口香糖
又倒出一盆盆洗屄的水
大家又搶著喝
說喝起來比咖啡香
而小島眾牲
吃毒痰，成癮成癖
吃政治，得瘴得癘
痌瘝在抱，從未痊癒
入閣的，一夜就病成一個痀瘻的老人
在野的，兩天沒吃就餓成一隻大鱷魚
大家都滿腹疙瘩，滿肚毒水
叫天天不應，叫地地不靈
天啊！
誰來管管這個鬼世界？
誰來救救島上的眾牲？

第五章　歸案，獄中修行

我決心放下牠們

原諒牠們

不批判牠們　並

遵重牠們

當我這樣想時

牆角有兩位尊貴的蟑螂走過來

向我致敬

1

歸案

跑得了和尚跑不了廟
我決心在獄中修行
雖然，我知道
外面還有許多綠色異形
狼犬、鱷魚、蟑螂、鬼類等等
我決心放下牠們
原諒牠們
不批判牠們　並
尊重牠們
當我這樣想時
牆角有兩位尊貴的蟑螂走過來
向我致敬

2

轉念

女典獄長，她
她歇斯底里的製造一批批
十八般語言兵器
歇斯底里的揮
揮，揮出歇斯底里的海潮
我企圖、練習、轉——轉
以轉動地球的力氣
轉念、念、念
念觀自在菩薩
講經說法

3

修行以詩

我像白痴一樣
蹲坐牆角，念念有詞
設想以詩提高修行境界
修行以詩
聽到的人都笑彎了腰說
你的詩拿來餵豬
豬也不吃

4

獨白

整晚沒有說話對象
那兩位尊敬的蟑螂適時出現

他們了解我
我向他們說書
說越獄在外碰到的一切
我有說不完的故事
顏色是要命的兵器
殺了很多物種
並說
我多麼愛女典獄長
路過窗口的星星很感動

5

很晚
聽完女典獄長的訓令
我想早睡
外面傳來一陣喧嘩

仔細聽：
犲狼虎豹鱷魚鼠輩獸畜牲鬼類等綠色異形
一夜之間垮台
上台的是另一批
魚蝦鼈烏龜王八
也是綠色異形的變種
我早已將顏色交給歷史典藏
不為所動
入睡前，心中默唱著
南無本師釋迦牟尼佛……
不久彷彿到了靈山
佛拈花，我微笑

6

獄中生活很無聊

這天幹完苦活
聽完女典獄長講經說法
很晚才上床
歷史乘時光機來說：
不要什麼事都推給我
個人吃飯個人飽
個人作業個人擔
關我歷史屁事
歷史很不高興揚長而去

屋角正在結網的蜘蛛
牆縫裡工作的螞蟻
聽了鼓掌稱是

7

飯後小憩，放風

因蝴蝶效應
引起一陣暴風雨
星火燎原燒出一堆歷史懸案
叢林很快燒成
一座空和白
只是放風
把中午的太陽
吹得跌落西海
凡所有相，皆是虛妄
歷史，摸摸鼻子

8

道在那裡？

我常思索
思索了一百年
我追尋
五大洲三大洋九大名山
終於領悟
道在女典獄長的歇斯底里裡！
在她的
詛咒、發瘋和情緒失控時
撞垮的一面牆
的牆上和牆裡

9

我要學習謙卑

謙卑，就是把頭低下
再低、再低
低三下四
我向天天低著頭的小草請益
於是
我乘早起的蟑螂尚未向我請安前
先向他們行禮致敬
吃飯時碰到女典獄長向她致敬
向她三呼萬歲
感謝她讓我吃飽喝足
感恩她解我飢渴
若無她

我長年饑饉
睡覺前
我向床母行大禮

10

女典獄長又發瘋了

近數月以來她經常情緒失控
啊！其實是常態
有幾次是因一隻小小的蝴蝶
的左翼
扇起的風
刺激到她右眼
她爆怒發火
瘋火連三月啊！
還有幾回是因小湖裡有三圈半

的漣漪
擴散時
傷到她的自尊心
她回敬以天大的暴風雨
證明自己不是病貓
不好惹的

//

容我向瘋子致敬

向鱷魚，含變種的
向虎豹豺狼、禽獸畜牲、牛鬼蛇神……
魚蝦鼈烏龜王八……致敬
我的夢中情人林志玲姊姊
開告別演唱會的江蕙阿姊
在天上的鄧麗君、鳳飛飛小妹

妳們以一種真情和美
感動禽獸　以及
西施、貂蟬的笑
以及
古往今來的流浪漢、瘋子
都獻上我謙卑的敬意

12

向仇人致敬

向陷害我、騙我、穿我小鞋的同學
霸凌我朋友
仇人和敵人
今夜女典獄長不古典的
慾火　以及
書櫃中聲聲叫著寂寞的書

書裡的字句
句裡那些不識字又兼不衛生的
蠹魚 以及
我相、人相、眾生相、壽者相
致 無尚敬意

13

貪婪之島

大家都這樣詛咒你
還說你不適人居
可——我在這裡住得很自在
我生活如詩
以詩修行
用詩治好各種島內
無藥可救的病

我還有不少知心朋友
螞蟻、蚊子、蟑螂、蜘蛛、壁虎、蒼蠅……
更有
偶然路過窗口風
行腳的月
附近五色鳥剛組成的原野三重唱
任何時候
我不寂寞
在我的島
即無貪、又無婪
眾生萬物
共組我的人生詩章

14

找神

獄中生活沒有神
如何讓日子有些神奇
於是
我向尼采問上帝的下落
尼采說：上帝已被我判了死刑
世上已無神了
我又問伊斯蘭國的領導
領導說：還有殘餘的上帝未死
正在剿滅中
我只好找佛問問
佛說：吾非神，吾是你
也好
吾當佛
不當神

15

一個影子糾纏我

歸案後，很久了
那個影子一直在糾纏我
影子，經常在三更半夜
穿牆而入
攥住我心
叫我蠢蠢欲動，不能入睡
也曾在大白天
媚惑的影子
避開了重重規範
謀取我心
讓我坐立不安，飲食無味

一個寂寞的夜晚
影子又來了
我備好一塊萬能絲瓜布
加入鹹溼的鹽和肥皂
把影子徹底抹去
然後，在睡夢中
禪坐

16

不再越獄

還是可以有夢中情人
把一張床放大
構築神秘王國
請妳來當國母
天天躺在我的夢裡

我們舉手抓住什麼？抑或打破夢？
想抓住的是
重重圍牆以外的星星
不再越獄的世界
能有多大？
我正在構築與測量
若妳能支撐到天亮
我請妳喝一杯李白親手泡製的
美式咖啡
可以嗎？
志玲

17

夢中情人真的來了

有了妳

我永不越獄
不去突破任何一道巨牆
不出門
讓撫摸紀錄妳的心跳
鏡子永遠是亮的
妳來了
我在斗室種花
千畝玫瑰花田
沒有陽光、空氣、水
一樣有紅花綠葉
一樣是絕美的花園
我們晨昏共度

我的詩也不會拿去餵豬
譜成情歌

為妳吟唱
取悅於妳
我才能安睡入夢

18

夜讀

修行要寒窗苦讀
一部《金剛經》一年讀不完
真是鬼混的可以
今夜決心好好讀
一隻蠹魚跳出來說：
查甫郎春一支嘴啦！
許多宛轉的蚊蚋
圍攻燈罩

不少壯烈成仁的
被我送入
五指山英雄公墓
我乘勢連夜為他們
夜讀《金剛經》

19

叢林出現新物種

近數月以來
叢林裡有詭異的身影
很能操作民意
快速爬上高層，尋找吃喝的機會
據聞，是中了胎毒的
綠色異形第二代
每天齜牙裂嘴，噴出齷齪的毒水

要吃人
要喝人民的血，包含
水蛭、蛔蟲、蜥蜴、螯賊、刺蝟
都亮出拿手的兵器
擺明要搶要奪
要吃要喝，另有
一群蚍蜉，要推倒一株五千年神木
東洋螟蛉子要蓋頭目紀念館
幾隻螳螂，要擋住長江黃河淹來的大勢
不死心的飛蟲，堅持繼續吸胎毒惑人心
尺蠖，還在找吸血的機會
剩下一些蟪蛄，不知春秋
蠅營狗苟
都是一群過境蝗蟲

可憐啊！小島的眾生
當這些新物種爬上高層
將如何？

20

一個修行的蚌

坐在海岸自在微笑

佛說修行有八萬四千法門
我撞得一鼻子灰後
找到一個法門
我要向蚌學習
緊閉城門
加裝四周隔音牆
杜絕所有風風雨雨

隔開歇斯底里的海潮干擾
防著女典獄長搞破壞
排除所有顏色的滲透
尤以綠色胎毒最毒
絕不能有一滴滲入
我的疆域
堅固的城牆緊緊的合上

我是修行的蚌
在裡面緊抱一粒沙
禪坐
定能孕育出神奇的寶珠

21

一排排歇斯底里的子彈飛來

存心要穿破蚌殼
女典獄長以文字語言組裝成
歇斯底里的子彈
大丈夫就是要硬得起來
頂得住
硬殼防彈
好險

一陣陣歇斯底里的暴風雨打來
企圖要沖垮城門
她在語言中加溫，文字裡加速
歇斯底里的風雨
大丈夫就是要行
不開就是不開
嚴守蚌的精神

終於雨過天晴

我坐殼中
觀我自在

22

你耕什麼？
世上人人都是耕者
農夫耕田
漁人耕海
飛人耕天
老夫耕人
男女互耕
所有耕事中以耕人最難
老夫因耕人耕不好

淪為囚徒
至今仍勤耕女典獄長
很辛苦
三十六計
各種兵法都用上了
才有一點點收穫

23

我欲剪海

假設，現在是黃昏
沿著湖邊的石子路
我是飄在空氣裡
無色的影子
我測量晚風的方向
依風的引路

探索海洋方位
好利用黑夜
以船之姿
剪海

24

雪景　轉暖春

女典獄長製造雪景
文字，歇斯底里的跳
飄成滿天雪花
人造寒流
好冷
雪，飄在我的國土
如何用我的內功？

把眼前雪景
轉成暖春
織出綺麗的星空
正在考驗我這些年
練功的成效

25 謀殺孤獨

是我早已設計要幹的大事
有一天
要讓全世界知道我
因此
一定要殺了孤獨
殺死那個宅神
使他不能宅

宅不下去

他，不宅
只好擁抱眾生

26

謀殺怠惰

老早決心要好好修行、練功
奈何意志不堅
又先天不良後天不足
不是原地踏步
就是一再退步
一天天的混過去
都是那個叫懶惰的大壞蛋搞的鬼
這魔鬼，一定要殺了牠

我意
乘今晚，夜黑風高
叫懶惰一刀斃命

27

還有，更該殺的

我突然發現
最該優先殺死的是五個仇人
這五個仇人害人不淺
害死很多人
也害我一輩子
貪、嗔、癡、慢、疑
五個魔鬼
害我當了一輩子囚徒

此事得從長計議
儘快
一個個，殺了！

28

殺、殺、殺……
我真是殺紅了眼
還是發了神經？
老要殺這殺那的
發現更多該殺的魔鬼
好吃懶做、喝酒吃肉、抽煙吸毒
不求長進、到處鬼混、光說不練
思想落伍、謀求己利……
不知天高、不解地厚……
消耗資源、害死地球……

凡此……
都該殺
殺殺殺殺 殺殺殺

29

那個名叫寂寞的兇手

我殺死他幾回了！
心想可以為不少人洗淨冤情
結果，他
每次都死了又復活
好可怕
我怕怕，比九命怪貓恐怖
我高度懷疑
他每天暗地裡跟蹤我

監視我
企圖謀害我
乘我在101頂樓賞景
背後推我跌死　或
害我去跳海
跳樓、開瓦斯……
這兇手，一定要捕住殺掉

佛說修行有八萬四千法門
定有一個法門可以解決掉
寂寞這個難纏的兇手
我要找到救命法門

30

維持世界和平真的很難

難怪，古來爭戰不斷
尤其這段時間
世界真的很亂、很無厘頭
我快受不了了
歇斯底里的刀光劍影
語言加溫、文字加速
好像就是針對你
飛過來
雖然運功閃躲、防衛
受傷是難免的
有時一顆歇斯底里的原子彈
就在舞台上爆炸
簡直是災難

和平條約簽訂了好幾回

限武談判也談了多少次
都被歇斯底里的毀約
但——
世界和平還是我心中最重要的
核心價值
我一定會盡全力追求
永久的世界和平

31

深夜

深夜到底是個什麼東西？
有聲音自深夜的咽喉傳出
風在嘀咕
由遠而近、再近
飛蛾圍攻火山

窺視、蒐尋
是什麼東西在歇斯底里？
在臨界點的心臟處
宇宙大爆炸
神啊！創造宇宙
是一場災難啊！

32

「我到底在那裡？」
我勸你別找了
都是白做工
按照我哥哥愛因斯坦的定律
我在那裡？
你在那裡？
他在那裡？

大家在那裡？
從未有人知道
我哥哥也不知道他在那裡？
因為，到底
太陽系走到那裡了？
銀河系又走到那裡了？
眾神也都不知道

33

春花秋月何時了？
修行不能風花雪月一下嗎？

春花
好幾年不見了
因為鬱悶

花不開
今年春花
只引來兩隻蝴蝶
互問：春天為何不來？
我只好自己種一株春花

秋月

釀一壺好酒
千百年來的詩人
千杯不醉
好酒美色
不傷心、不傷肝、不傷身
且解愁

何時了？

沒完沒了
雨打芭蕉
打不走憂傷
哭斷腸
叫一一九送醫很浪費社會資源
就讓時間自己去舉行
自己的告別式吧！

往事知多少

鳥在空中飛
船在海上行
人在路上走
如夢幻
三心不可得

34

這部人生列車

我們不知道起點在哪裡！
也不知道是怎樣接軌的
但我們行駛在某種軌道上
總會經過很多站
也許沒幾站
碰到很多人
或沒幾人
你會碰上誰？和誰撞出火花？
不可預測
也沒有確定的方程式
很難說列車會不會出軌？
會不會出車禍？

或有假車禍
不保證駕駛不酒駕！
或發了神經
駕車去撞山

啊！人生，如夢如幻
這部車，如有如空

35

浪花來的時候

我在這裡混
被一陣浪花提拔高坐
不久一屁股跌下來
還好，不重
我學會了隨順浪花

有一回浪花來得很嚇人
但我又學會了
頂浪
衝浪更好玩
我又學會與浪互動
1加1大於2

36

那一個小農家去了那裡？

香蕉葉的香氣
想起童年的歡笑
而菊花爬在籬笆上
享受春光
用時間點燃生命
前進的火花

我叫住時間，祈求他
拜託，別走好嗎？

我在水泥叢林中求生覓食
在蔥郁的大樹下找尋失落的夢
當微風吹皺心湖
漣漪擴散回到
兒時的家
不見夢中的香蕉樹
曾經玩伴菊花去了哪裡？
只剩一襲薄如秋月的
鄉愁

37

想媽媽

雨又霸凌芭蕉
芭蕉忍氣吐聲
只滴滴答答回應一些
哭泣、心酸

那些無助的日子
總有一些風雨霸凌我們
妳以羸弱的枝幹
撐起一把巨大的傘
阻隔風雨

巨傘疲憊地闔上後
我們各自在叢林中
拼鬥
霸凌也一定有的

我們撐起更大的傘
抵抗現代化侵略

想媽媽，夜風帶來的思念
從窗櫺縫隙走進來
兒時庭院的芭蕉呼喚我
您步履蹣跚
我迎上牽住妳手
再也不放
就讓鄉愁住心頭

38

蒲公英聲明

很多人有一種刻板印像
以為我是宿命論者

自己不能決定自己的人生方向
到處亂飛
隨風漂泊
真是不知道自己是誰！

這是天大的誤解
對我的修行境界完全不認識
我是最懂得
隨順因緣的人
像我這樣孝順
風
這世上還找得到嗎？

39

現代人

百家雜學廢物等化成一隻巨蟲
飆竄入每一個人
狹窄的心室
擠爆了心
導至腦袋一片空白
失去了方向
沒了安全感
心慌意亂之際
全都逃入電腦晶片網路中
以測安全
以求安頓
結果，一顆頭頭
寄存雲端
手腳以下身體全沒了

40 心靈行腳——神州訪師修行之旅

塔克拉瑪干沙漠（新疆）：胡楊在死海禪定三千年
絲路古村今何在？
博格達峰（新疆）：天上明珠散落
三峰并起雲霄沖天
天山天池（新疆）：王母穆王的瑤池宴在這裡
碧玉銀鏈飛瀉最吸睛
喀納斯湖（新疆）：千年湖怪能變藍綠紅橘色
活水彎月白樺有夠絕
塔里木河（新疆）：水上迷宮綠色走廊是母親的河
胡楊野馬在新疆域很自在
五彩灣（新疆）：老天爺放一把火照亮五彩城
上帝在此開現代派畫展
將軍戈壁（新疆）：大唐將軍守戈壁永不換防

火焰山（新疆）
魔鬼恐龍復活作伴
：我現在也碰到火焰山
請問老孫要怎麼過？

羅布泊（新疆）
：樓蘭姑娘復活了
而樓蘭國呢？

烏爾禾魔鬼城（新疆）
：群鬼建構一座城
毛骨悚然鬼叫聲，真的嗎？

坎兒井（新疆）
：神州地下也有萬里長城
是維吾子民的千年工程神跡

貢嘎山（四川）
：神鬼雕琢橫斷插天之奇域
蜀山稱王

九寨溝（四川）
：張藝謀到此建構英雄夢
熊貓鴛鴦在夢境唱情歌

稻城（四川）
：碧藍鑲玉珍珠如海
雲峰雪飛星羅棋布

黃龍（四川）：凌霄寶殿金沙鋪地
千層碧水瑤池吹著炎黃龍風

大足石刻（四川）：鑿出儒佛道三家哲學
溶中華百族於一

都江堰（四川）：老夫也想告訴李冰父子
我現在做的事也讓後人千年不忘

四姑娘山（四川）：美女在銀光泉瀑間秀飄逸身形
頭載雲纏霧繞白紗雪

臥龍（四川）：臥龍臥的不是龍
熊貓、白唇鹿和金絲猴

梅里雪山（雲南）：三江并流在雲之南
透迤群峰引佛子朝山

洱海（雲南）：三島四洲五湖九曲海非海
白族發展有大未來

香格里拉（雲南）：四大教派共築的仙境

是失落的伊甸園

石林（雲南）：劍戟插天聳立成黑森林
彝族寶地神州一奇

麗江古城（雲南）：時間在這裡停腳八百年
修得白族漢藏好風景

元陽梯田（雲南）：七個民族巧奪天工一系統
自然人文熔一爐

西雙版館（雲南）：傣族風情最濃郁
種藥材救命也是修行

泰山（山東）：五嶽獨尊封禪祭天保政盤
民族文化聚岱岳

孔府孔廟孔林（山東）：沒有孔老中國如歐洲之分裂
秦皇、老毛反被你丟入矛坑

五台山（山西）：文殊菩薩坐鎮待龍華
漢藏佛香本不二

壺口瀑布（山西）：飛鳥不渡、巨龍擺尾
旱船奇航千層浪

平瑤古城（山西）：黃帝和蚩尤在此一戰後一統
我想請問二祖：兩岸應如何？

雲岡石窟（山西）：見性成佛各種法門都在此
我得找到一種適用的

武夷山（福建）：三三秀水六六奇峰抱玉女
生物多樣自在天堂

鼓浪嶼（福建）：十三國殖民使我子民次殖民
萬國建築是國恥

廬山（江西）：白鹿理學在匡廬孵蛋繁殖
僧慧蓮社創造淨土

長白天池（吉林）：仙女在這裡泡溫泉
體香引來神秘的生靈

納木錯（西藏）：瑪尼經審能解惑

參拜五方佛繞湖功德無量

阿里（青藏高原）：千山之巔有古格王國
到此朝山最快成佛

布達拉宮（西藏）：文成公主牽引漢藏一家親
佛法不二

青海湖（青海）：到青色雲海聽仙樂
醉倒在湖畔

茶卡鹽湖（青海）：美景鹽寶供養華夏子民
海市真有蜃樓

西湖（浙江）：白蛇許仙在湖畔長住永生
白居易蘇東坡正建設新十景

烏鎮（浙江）：吳越春秋大夢傳萬載
江南古鎮最傳神

肇慶星湖（廣東）：黃帝鑄鼎遊七星
石室藏寶秀麗峰峻水月霧雲

澳門（廣東）：我想在這化緣看看
賭王賭神賭聖都在這裡

漓江（廣西）：灘潭飛瀑是張大千的墨畫
有神仙在洞府做夢

德天瀑布（廣西）：洪流滾滾飛燕發愁
唯美空靈不知說

黃果樹瀑布（貴州）：萬馬奔騰千峰奇潭
神州第一瀑

織金洞（貴州）：三皇五帝創建的童話世界
天成國寶在這地底神宮

梵淨山（貴州）：原來這是靈山淨土
金絲猴修成人間之寶

黃山（安徽）：天下群山到此皆遜色
黃山不黃，天下第一紅

皖南古村落（宗徽）：原來故宮也有在野的

真是臥虎藏龍（電影「臥虎藏龍」在此取景）

屯溪老街（安徽）：徽商徽派停足一千年
清明上河圖是活生生的

武陵源（湖南）：九地之下有洞穴仙境
潭瀑泉谷霞日松雪藏神秘生靈

嗚沙山（甘肅）：沙山的八音合唱千古不絕
有敦煌月牙泉眾神加持

垻上草原（河北）：牛羊駿馬的自在樂園
是真滿足（族）

承德避暑山莊（河北）：皇帝來避難和避暑
我來求一淨心

天涯海角（海南）：天涯真的有海角
求道行腳風雨瀟瀟

亞龍灣（海南）：除了碧水藍天帆船影
我請教這裡的沙，身段怎樣柔軟

鳳凰古城（湖南）：大唐明珠靜臥沱江禪修
我怕吵醒了吊腳古樓

周庄（江蘇）：水陸平行河街相鄰
千年水鄉修行人神往

蘇州園林（江蘇）：中華文化意象示現園林中
古典主義意境邀我入閣飲茶

武當山古建築群（湖北）：真武大帝等眾神俱在
耶穌瑪麗亞大舉入侵要小心

龍門石窟（河南）：盧舍那佛當住持，佛陀講法
我真是來對了

扎龍（黑龍江）：這裡是龍的故鄉
現在住鶴鷺鸛鴻等長生族群

小寨天坑（重慶）：真的地下有世界
天下第一坑喀斯特谷

圓明園：土匪搶劫現場不能滅跡

留住一口永久的警鐘

頤和園：土匪搶走的寶物
都要回來沒？

明清皇家陵寢：身子躺下和我差不多
至少現在人潮帶來錢潮

客家土樓：那些當次殖民三等國民日子裡
這一方小世界還有主人

萬里長城：這條龍二千多歲了
終於等到廿一世紀龍的大時代

北京故宮：一九四九這裡被搬一空
寶物何時應回到宮中？

天壇：中華古來如天之一統
兩岸遲早要統一

京杭大運河：南北貫通大一統
大業穿透古今時空

雅魯藏布大峽谷

：是誰從九天奔騰到地府？
只為一賞世間最後祕境

長江三峽

：古來詩俠都在三峽釀詩
李白杜甫釀出中華民心

怒江大峽谷

：難到滿清末年不怒嗎
現在大家知道你絕壁飛瀑駿馬奔

祁連山草原

：蒼茫綠玉碧連天
匈奴回鶻今安在？

呼倫貝爾草原

：這裡的牛羊馬群會唱靈歌
碧綠翡翠鑲在天河兩岸

西沙群島

：行腳到時晚霞鋪滿天
沙景晶瑩珊瑚簇簇歡迎我

大興安嶺

：林農綠寶聚儲在此
半農半獵善歌舞

神農架

：神農大帝在此小歇

大連
青島
上海
哈爾濱
香港
臺灣
北京

賞林海妙景看鴿子
：最適人居、四季花海
三海間煙浩飄渺
：秦皇徐福田橫事熱鬧了歷史
豐富現代東方瑞士創意深土壤
：近代中國革命造反的舊窗口
新窗口，看到現代中國崛起的身影
：松花玉帶柳樹新還在記憶中
現在音樂冰城又夯天下
：回家這麼久了！
對父母還很陌生嗎？
：沒有羅盤的船漂向那裡？
看來只有那顆大磁石吸得住它
：十三億顆心凝結成
壯大崛起的新星

41

養心先養花

我用心的養
一株心愛的花
偶以巫山的雲雨施肥
花養在我肚子裡
從未凋謝
潤澤一方世界
養的著迷
忘了，到底
我是養心還是養花！

42

在囚房裡閉關禪修

外面吵翻天
女典獄長又發瘋
爆風雨、龍捲風不定時光臨
一顆天外隕石
突然，飛來，險些打破腦袋
四周如二戰
南京，一九三七
你的宇宙成為亂集團

不亂時，日月無光
除有歇斯底里的亂槍掃射
有人在空氣中一再散播毒品
各種顏色只會闖禍
病毒，公然、合法
進出每個人家——含監獄

滲入人的頭腦
到底，你要為蒼生啓動革命或造反？
或一切隨緣
隨緣自在，修行

43 再啓動心靈行腳參拜神州古剎

囚徒最大的自由

是心靈神思行腳
於是
我把一俱肉身留置在囚房
讓思想的雙足趴趴走
再長出兩個大翅膀
心靈神遊
參拜神州名山古剎

白馬寺（洛陽）

：白馬馱經開創神州第一寺
如今佛法蔚成風

大明寺（揚州）

：鑑真大師傳法到倭國已千年
倭人仍以消滅神州為民族之天命
佛法不能化解倭種殺氣嗎？

華林寺（廣州）

：達摩傳法救迷情
為何初庵至今依然是真空？

二祖寺（安徽司空山）

：慧可斷一臂
換得一個安心

三祖寺（安徽天柱山）

：僧燦才在樹下說法
說完站著說要去就去了

四祖寺（湖北黃梅）

：道信首創團體農禪雙修大醫禪師
他一生從未躺下睡覺

五祖寺（湖北黃梅）

：弘忍七歲就明心見性

老夫至今還在找尋自己！

南華寺（廣東韶關）……惠能大師把印度佛轉型成中國佛
千年不壞真身奇中奇
大覺寺（江蘇宜興）……星雲大師的祖庭在這裡
佛光振興佛教救中華
少林寺（河南登封）……傳奇故事豐富華夏內涵
達摩老祖面壁九年神中神
光孝寺（廣州）……到底風動、幡動或心動？
萬年後仍有許多人不清楚！
棲霞寺（南京）……鬼子在南京大屠殺
佛在寺中救人數萬

我的心靈行腳

參拜神州古剎百千萬
這一去就是許多年

此不及細說
留置囚房的肉身是乖乖牌
我遲早要使心靈回到監獄中
繼續聽聞女典獄長講經說法
精進我的修行